MAURICE
MERLEAU-PONTY
O primado da percepção
e suas consequências filosóficas

FILŌ   **autêntica**

MAURICE
MERLEAU-PONTY
O primado da percepção
e suas consequências filosóficas

1ª reimpressão

Tradução
Sílvio Rosa Filho
Thiago Martins

Copyright © 2014 Éditions Verdier
Copyright © 2015 Autêntica Editora

Título original: *Le Primat de la perception et ses conséquences philosophiques*

Todos os direitos reservados pela Autêntica Editora. Nenhuma parte desta publicação poderá ser reproduzida, seja por meios mecânicos, eletrônicos, seja via cópia xerográfica, sem a autorização prévia da Editora.

COORDENADOR DA COLEÇÃO FILÔ
Gilson Iannini

CONSELHO EDITORIAL
Gilson Iannini (UFOP); *Barbara Cassin* (Paris); Carla Rodrigues (UFRJ); *Cláudio Oliveira* (UFF); *Danilo Marcondes* (PUC-Rio); *Ernani Chaves* (UFPA); *Guilherme Castelo Branco* (UFRJ); *João Carlos Salles* (UFBA); *Monique David-Ménard* (Paris); *Olímpio Pimenta* (UFOP); *Pedro Süssekind* (UFF); *Rogério Lopes* (UFMG); *Rodrigo Duarte* (UFMG); *Romero Alves Freitas* (UFOP); *Slavoj Žižek* (Liubliana); *Vladimir Safatle* (USP)

EDITORA RESPONSÁVEL
Rejane Dias

EDITORA ASSISTENTE
Cecília Martins

REVISÃO
Dila Bragança de Mendonça
Lívia Martins

LEITURA FINAL
Jean D. Soares

PROJETO GRÁFICO
Diogo Droschi

CAPA
Alberto Bittencourt
(sobre Foto de Roger Parry
© Éditions Gallimard)

DIAGRAMAÇÃO
Ricardo Furtado

Dados Internacionais de Catalogação na Publicação (CIP)
(Câmara Brasileira do Livro, SP, Brasil)

Merleau-Ponty, Maurice, 1908-1961.
   O primado da percepção e suas consequências filosóficas / Maurice Merleau-Ponty ; tradução Sílvio Rosa Filho e Thiago Martins. -- 1. ed. 1. reimp. -- Belo Horizonte : Autêntica Editora, 2017. -- (Filô)

   Título original: Le Primat de la perception et ses conséquences philosophiques.

   ISBN 978-85-8217-605-4

   1. Percepção (Filosofia) I. Título.

14-13033   CDD-128.2

Índices para catálogo sistemático:
1. Percepção : Filosofia 128.2

⊚ GRUPO AUTÊNTICA

Belo Horizonte
Rua Carlos Turner, 420
Silveira . 31140-520
Belo Horizonte . MG
Tel.: (55 31) 3465 4500

www.grupoautentica.com.br

São Paulo
Av. Paulista, 2.073 . Conjunto Nacional
Horsa I . 23º andar . Conj. 2310-2312
Cerqueira César . 01311-940 . São Paulo . SP
Tel.: (55 11) 3034 4468

Sumário

7. Nota da edição francesa

9. Projeto de trabalho sobre a natureza da percepção (1933)

13. A natureza da percepção (1934)

29. O primado da percepção e suas consequências filosóficas (1946)

Nota da edição francesa

O primado da percepção e suas consequências filosóficas retoma o texto da exposição de Maurice Merleau-Ponty perante a *Sociedade Francesa de Filosofia*, sessão de 23 de novembro de 1946, assim como a discussão que lhe seguiu (primeira publicação no *Bulletin de la Société française de philosophie*, tomo XLI, n. 4, outubro-dezembro de 1947, p. 119-135 e p. 135-153). Participaram da discussão: as senhoras L. Prenant e Roire, os senhores E. Bréhier, P. Césari, J. Hyppolite, R. Lenoir, S. Lupasco, M. Merleau-Ponty, D. Parodi e P. Salzi. As referências bibliográficas foram completadas, e o texto, revisto.

Os dois textos que precedem a comunicação propriamente dita fazem parte dos dossiês de Maurice Merleau-Ponty conservados no *Centre National de Recherche Scientifique*. Trata-se do *Projeto de trabalho sobre a natureza da percepção* (8 de abril de 1933) e d'*A natureza da percepção* (21 de abril de 1934), textos manuscritos apresentados à *Caisse nationale des Sciences* para a obtenção de uma subvenção e de sua renovação no ano seguinte. Mesma revisão para estes textos e mesma apresentação do conjunto de notas para a segunda parte do volume. Tais manuscritos haviam sido publicados inicialmente na tese de Théodore F. Geraets, *Vers une nouvelle philosophie transcendantale* (Haia: Martinus Nijhoff, 1971; respectivamente, p. 9-10 e p. 188-199; Apêndice).

O editor agradece às senhoras Suzanne e Marianne Merleau-Ponty pela especial atenção que dedicaram ao projeto, assim como à *Sociedade Francesa de Filosofia*, por autorizar a publicação.

Projeto de trabalho sobre a natureza da percepção (1933)

Pareceu-me que, no estado presente da neurologia, da psicologia experimental (particularmente da psicopatologia) e da filosofia, seria útil retomar o problema da percepção e particularmente da percepção do corpo próprio.

Uma doutrina de inspiração criticista trata a percepção como uma operação intelectual pela qual os dados inextensivos (as "sensações") são postas em relação e explicadas de tal modo que acabam constituindo um universo objetivo. A percepção assim considerada é como uma ciência incompleta, uma operação mediata.

Ora, as pesquisas experimentais realizadas na Alemanha pela Escola da *Gestalttheorie* parecem mostrar, ao contrário, que a percepção não é uma operação intelectual – que nela é impossível distinguir uma matéria incoerente e uma forma intelectual; a "forma" estaria presente no próprio conhecimento sensível, e as "sensações" incoerentes da psicologia tradicional seriam uma hipótese gratuita.

O desenvolvimento da neurologia, por outro lado, especificou o papel do sistema nervoso cuja função parece cada vez mais assumir uma função de "condução" do influxo nervoso, e não uma função de "elaboração do pensamento". Ao mesmo tempo em que dispensa os neurologistas de buscar nas localizações anatômicas um decalque das funções mentais e, nesse sentido, libera a psicologia do "paralelismo", tal concepção evidencia o papel dos "movimentos nascentes" que o sistema nervoso tem a função de provocar e que devem acompanhar toda percepção: assim, a percepção se acha recolocada num "quadro motor". A correlação entre os dados visuais e os do tato ou do sentido muscular, estabelecida por uma atividade intelectual, memória e juízo, segundo a concepção de inspiração criticista, parece, ao contrário, assegurada aqui pelo funcionamento do sistema nervoso. Ainda aqui, o psicólogo deveria talvez renunciar à imaginação de um universo de sensações inextensivas que a "educação dos sentidos" converteria em um espaço volumoso pela progressiva associação dos dados visuais com os dados táteis.

Teria cabimento estudar mais particularmente a recente literatura da "percepção do corpo próprio". Se, de maneira geral, parece difícil distinguir uma matéria e uma forma do conhecimento sensível, a dificuldade é ainda maior, e, ao que parece, a extensividade é manifestamente coerente com a sensação, quando se trata da percepção do corpo próprio. Seria o caso de retomar, em meio a outros muitos problemas suscitados pela psicopatologia, o problema da ilusão dos amputados.

Tais observações e outras semelhantes, se um estudo preciso dos documentos as confirmasse, tornariam obrigatório, portanto, um retorno aos postulados da concepção clássica da percepção. Precisamente as filosofias realistas da Inglaterra e dos Estados Unidos insistem frequentemente naquilo que é irredutível, no sensível e no concreto, às relações intelectuais. O universo da percepção não seria assimilável ao universo da ciência.

Em resumo, no estado presente da filosofia, teria cabimento tentar uma síntese dos resultados da psicologia experimental e da neurologia no que tange ao problema da percepção, determinar pela reflexão a sua significação exata e talvez reformular certas noções psicológicas e filosóficas em uso.

A natureza da
percepção (1934)

Um novo estudo da percepção parece justificado pelo desenvolvimento contemporâneo das pesquisas filosóficas e experimentais:

- pelo surgimento, notadamente na Alemanha, de novas filosofias que questionam as ideias diretrizes do criticismo, até então dominantes tanto na psicologia como na filosofia da percepção;
- pelo desenvolvimento da fisiologia do sistema nervoso;
- pelo desenvolvimento da patologia mental e da psicologia da criança;
- enfim, pelo progresso de uma nova psicologia da percepção na Alemanha (*Gestaltpsychologie*).

No curso das pesquisas realizadas neste ano, a tentativa me pareceu ainda mais justificada, pois, desde as análises de Lachelier[1] e de Lagneau,[2] que se inspira na teoria da percepção de Alain, as obras publicadas em francês, por exemplo,

---

[1] LACHELIER, J. L'Observation de Platner. In: LACHELIER, J. *Oeuvres*. Paris: Alcan, 1933. p. 65-104.

[2] LAGNEAU, J. *Célèbres leçons: cours sur la perception*. Nîmes, 1926; nova edição, *Célèbres leçons et fragments*. Paris: P.U.F, 1964.

as duas teses de Duret,[3] quase não se reportam aos recentes trabalhos dos alemães.

Fisiologia e patologia da percepção

Não pareceu possível, todavia, abordar esse estudo da percepção pela fisiologia do sistema nervoso nem pela patologia mental. Parecia-me que ambas permitiriam esclarecer a relação entre o conhecimento sensível e a inteligência, especificando a relação entre a "projeção" e a "associação". Ora, se as perspectivas de C. von Monakow[4] e a noção de "localização cronogênica" fornecem ideias diretrizes à experimentação, elas ainda não parecem ter dado lugar a pesquisas particulares suficientes para esclarecer a psicologia da percepção pela fisiologia cerebral. É significativo que a revisão geral de H. Piéron,[5] tão precisa no que concerne à "projeção", possa dar somente indicações hipotéticas sobre os fenômenos associativos e sua relação com as zonas de projeção.

Quanto à patologia, ao menos na França, tampouco pode ela oferecer um *fio condutor*. A tese de P. Quercy,[6] deixa finalmente sem resposta a questão – para nós, essencial – de saber se a alucinação é uma visão sem objeto ou somente uma "atitude" favorecida por uma degradação da crença. Nela, portanto, não podemos encontrar presunção favorável a uma psicologia que faria da percepção normal um dado bruto, ou, ao contrário, uma construção que interessaria a toda atividade mental. Tampouco a tese de H.

---

[3] DURET, R. *Les facteurs pratiques de la croyance dans la perception*. Paris: Alcan, 1929. Cf. também *L'objet de la perception*. Paris: Alcan, 1929.

[4] Resumidas em *Introduction biologique à l'étude de la neurologie et de la psychopathologie*. Paris: Alcan, 1928.

[5] PIÉRON, H. *Le cerveau et la pensée*. 2. ed. Paris: Alcan, 1923.

[6] QUERCY, P. *Études sur l'hallucination*. Paris: Alcan, 1930; tomo II: *La clinique*.

Wallon[7] pode, sob outros aspectos, fornecer uma orientação decisiva. O autor reconstitui o desenvolvimento normal do subjetivo ao objetivo pelo método patológico. Mas a gênese da percepção exterior permanece oculta: ela ainda não está presente, ao que parece, no "estágio sensitivo-motor"; no "estágio projetivo", que se segue imediatamente, ela parece bem constituída. Pois tal estágio projetivo só nos é conhecido pela analogia de certas mentalidades epilépticas; "ora, o mundo da criança epiléptica bem pode ser afetado por instabilidade, por incoerência e como que comprometido por sua atividade tirânica; entretanto, é um mundo, ou antes, uma massa de coisas exteriores, e não assistimos à gênese dessa exterioridade.

No entanto, a fisiologia nervosa e a patologia deverão fornecer informações muito importantes sobre dois pontos. Trata-se, por um lado, dos "reflexos localizadores" (Piéron) e, por outro lado, das asterognosias e, de modo mais geral, das agnosias. Mas mesmo nos casos em que a natureza dos ferimentos favorece particularmente a localização das lesões (casos de ferimentos a bala ou pequenos estilhaços de obus[8]), há de se notar que a conjectura sempre vai das perturbações sensoriais ou psíquicas observáveis para localizações apenas presumidas. Disso, Gelb e Goldstein concluem que a primeira tarefa, antes de toda tentativa de interpretação fisiológica, é oferecer uma descrição tão exata quanto possível do comportamento mórbido. Mas as experiências a fazer para analisar a consciência do doente serão sugeridas evidentemente pelas ideias diretrizes de uma psicologia da percepção normal (no caso de Gelb e de Goldstein, as da *Gestaltpsychologie*). Somos

---

[7] WALLON, H. *Stades et troubles du développement psycho-moteur et mental chez l'enfant*. 1925. Publicada, ulteriormente, com o título *L'enfant turbulent*. Paris: Alcan, 1925.

[8] GELB; GOLDSTEIN. *Psychologische Analysen hirnpathologischer Fälle*. Leipzig: J.A. Barth,1920; tomo I, cap. I.

reconduzidos, portanto, à psicologia normal – mesmo que suas perspectivas sejam submetidas ao controle severo dos fatos patológicos.

Filosofia da percepção

Ora, a psicologia da percepção está carregada de pressupostos filosóficos, que são introduzidos com noções aparentemente as mais inocentes – as de sensação, imagem mental, lembrança entendida como um ser permanente... Mesmo se não tivéssemos intenções de nos interrogar sobre os problemas últimos da percepção – sobre o sentido da verdade no conhecimento sensível –, a elucidação do problema psicológico não poderia estar completa sem recorrer à filosofia da percepção. Portanto, uma parte de nosso trabalho deste ano lhe foi consagrada.

A fenomenologia de Husserl apresenta um duplo interesse para nós:

1. Tomada no sentido estrito que Husserl lhe confere, a fenomenologia (fenomenologia transcendental ou fenomenologia "constitutiva") é uma filosofia nova. Para ela, o problema primeiro não é o problema do conhecimento, mas ela dá lugar a uma teoria do conhecimento absolutamente distinta do criticismo.[9]

---

[9] FINK, E. Die phänomenologische Philosophie Husserls in der gegenwärtigen Kritik. *Kantstudien*, n. 38, 1933, p. 319-383. Cf. também, tradução francesa, "La philosophie phénoménologique d'Edmund Husserl face à la critique contemporaine". In: FINK, E. *De la phénoménologie*. Paris: Minuit, 1974.

Cf. ainda obras anotadas pela edição francesa:

LÉVINAS, E. *Théorie de l'intuition dans la phénoménologie de Husserl*. Paris: Vrin, 1978.

GURVITSCH, G. La phénoménologie de Husserl. *La philosophie phénoménologique en Allemagne: Edmund Husserl, Revue de Métaphysique et morale*; p. 553-597. Texto republicado em *Les tendances actuelles de la philosophie allemande*. Paris: Vrin, 1949.

2. Ouve-se dizer que Husserl não se interessa pela psicologia. A verdade é que ele mantém suas antigas críticas ao "psicologismo" e sempre insiste na "redução" pela qual se passa da atitude natural, que é a da psicologia, assim como a de todas as ciências positivas, à atitude transcendental, que é a da filosofia fenomenológica. Basta essa diferença de atitude para estabelecer uma demarcação bastante nítida entre, por exemplo, as análises fenomenológicas da percepção e as análises psicológicas que se referem ao mesmo tema.

Mas além de ter ele próprio fornecido o exemplo de uma análise propriamente psicológica da percepção,[10] Husserl compara expressamente[11] as relações da fenomenologia e da psicologia com as da matemática e da física, e do desenvolvimento de sua filosofia espera uma renovação dos princípios da psicologia.[12] As análises propriamente fenomenológicas, por exemplo, as da lembrança e da imagem,[13] não deixam de ter consequências para a psicologia.

Mas é preciso insistir no fato de que tais análises não visam de modo algum *substituir* a psicologia. A renovação de que se trata não é uma invasão. Trata-se de renovar a

---

HÉRING, J. *Phénoménologie et philosophie religieuse.* Paris: Alcan, 1925.

HUSSERL, E. *Méditations cartésiennes.* Paris: Vrin, 1953 (obra acrescentada por Merleau-Ponty, à margem do texto manuscrito).

[10] HUSSERL, E. Ideen zu einer reinen Phänomenologie und phänomenologischen Philosophie. In: *Jahrbuch für Philosophie und phänomenologische Forschung*, seção I, II, p. 1-323, 1913. Cf. também tradução francesa *Idées directrices pour une phénoménologie.* Paris: Gallimard.

[11] Husserl (1913, seção I, cap. II).

[12] Cf. Husserl (1913, seção I, cap. II) e FINK, E. Die phänomenologische Philosophie Husserls in der gegenwärtigen Kritik. *Kantstudien*, 1933, n. 38; p. 319-383.

[13] Por exemplo, FINK, E. Vergegenwärtigung und Bild. In: HUSSERL, E. *Jahrbuch für Philosophie und Phänomenologische Forschung*, seção XI, p. 239-309, 1930. Cf. também tradução francesa: FINK, E. Re-présentation et image. In: *De la phénoménologie.* Paris: Minuit, 1974.

psicologia *em seu próprio terreno*, vivificar seus *métodos próprios* com análises que fixam o sentido sempre incerto das essências fundamentais como as de "representação", "lembrança", etc.[14] A fenomenologia distingue expressamente o método "eidético" e o método "indutivo" (isto é, experimental) e jamais contesta a legitimidade deste último.

Logo, não é o caso se espantar que o movimento fenomenológico tenha chegado a inspirar pesquisas experimentais.[15] Foi possível defender[16] que as análises de Husserl conduzem ao limiar da *Gestaltpsychologie*. Por fim, ainda se denomina "fenomenologia" em sentido muito amplo toda psicologia "descritiva".

A importância do movimento fenomenológico para a psicologia ainda não foi assinalada na França, exceto por Pradines.[17] Ele reprova aos filósofos, de Hume a Bergson, terem reduzido frequentemente a consciência a uma soma de "impressões" (mesmo em Kant, a "matéria", ao menos no conhecimento, é algo desse tipo). Por conseguinte, nesses filósofos mais consequentes, a espacialidade e, em geral, a "significação" são secundárias e adquiridas na consciência. Ora, para Pradines, o aparecimento de sentidos superiores, essencialmente diferentes – na estrutura de seus aparelhos – dos sentidos mesclados de afecção, seria um absurdo biológico, se desde a origem não lhes fosse pertinente ser "sentidos

---

[14] LINKE, P. F. Phänomenologie und Experiment in der Frage der Bewegungsauffassung. In: HUSSERL, E. *Jaharbuch für Philosophie und phänomenologische Forschung*; 1916, p. 1-20, tomo II. Do mesmo autor, *Grundfragens der Wahrnehmungslehre*. Munique, 1918.

[15] Por exemplo, LINKE, P. F. Die stroboskopische Täuschungen und das Problem des Sehens von Bewegungen. *Psychologische Studien*. Leipzig: Engelmann, 1907. tomo II, p. 499.

[16] GURWITSCH, A. Phänomenologie der Thematik und des reinen Ich. *Psychologische Forschung*, 1929. p. 279-381.

[17] PRADINES, M. *Philosophie de la sensation*. Paris: Les Belles Lettres, 1928-1932. tomo I. Cf., em particular, a Introdução.

a distância", significar um "objeto". Essa filosofia da sensação poderia ser considerada uma aplicação psicológica do tema da "intencionalidade da consciência" apresentado por Husserl.

A fenomenologia e a psicologia que ela inspira merecem, portanto, a maior atenção ao poderem nos auxiliar a revisar as noções de consciência e de sensação, a conceber, de outra maneira, a "clivagem" da consciência.

Psicologia da percepção

Todavia, grande parte de nosso trabalho neste ano foi consagrado à *Gestaltpsychologie*. A antiga psicologia postulava, como dados primeiros da consciência, sensações que supostamente correspondiam, termo a termo, às excitações locais dos aparelhos sensoriais, de tal modo que uma dada excitação produzisse sempre a mesma sensação.[18] Para chegar, a partir desses pretensos "dados", ao quadro das coisas como nós o percebemos efetivamente, era preciso conjecturar uma "elaboração" das sensações pela memória, pelo saber, pelo juízo – da "matéria" pela forma – uma passagem do "mosaico" (Wertheimer) subjetivo ao mundo dos objetos. A Escola de que nos ocupamos explica, de um lado, pelo fator psicológico denominado *Gestalt,* o que a antiga psicologia remetia à interpretação e ao juízo. A *Gestalt* é uma organização espontânea do campo sensorial que faz depender os pretensos "elementos" de "todos", articulados, eles próprios, em todos mais extensos. Essa organização não é como uma forma que seria posta sobre uma matéria heterogênea; não há matéria sem forma; há somente organizações mais ou menos estáveis, mais ou menos articuladas. Mas tais definições só resumem abstratamente pesquisas experimentais que podem ser seguidas em duas direções principais:

---

[18] *Konstanzannahme.* Cf. HELSON, H. Studies in the theory of perception, I, The clearness-context theory. *Psychological Review.* jan. 1932. KÖHLER, W. *Gestaltpsychology.* Nova Iorque e Londres, 1929. Cf. tradução francesa, *Psychologie de la forme.* Paris: Gallimard, 1964.

O objeto

Nossa percepção cotidiana não é a de um mosaico de qualidades, mas a de um conjunto de objetos distintos. O que faz com que uma parte do campo seja assim recortada e distinguida, é, segundo a psicologia tradicional, a lembrança das experiências anteriores, o saber. Para a *Gestaltpsychologie*, um objeto se põe em relevo não por sua "significação" (*meaning*), mas porque possui uma estrutura especial em nossa percepção: a estrutura da "figura sobre um fundo". Determinam-se as condições objetivas – independentes da vontade e da inteligência – que são necessárias e suficientes para engendrar a estrutura "figura" (por exemplo, distância *maxima* e *optima,* pela qual vários pontos são *vistos* como uma figura, uma constelação – Wertheimer). Analisa-se a própria estrutura que se deixa definir por certas propriedades *sensíveis*: por exemplo, o limiar diferencial é mais elevado para as cores do fundo do que para as cores da figura. – Segundo Gelb e Goldstein, *certas* cegueiras psíquicas, interpretadas como uma impotência para "projetar" as lembranças convenientes na sensação, seriam, antes, uma perturbação dos processos estruturais que acabam de ser indicados.[19]

A própria estrutura "figura e fundo" é somente um caso particular da organização espontânea dos campos sensoriais. De maneira geral, é preciso dizer que a percepção

---

[19] As obras mencionadas neste passo são as seguintes:

KÖHLER, W. *Gestaltpsychology.* Nova Iorque; Londres, 1929. Cf. também tradução francesa, *Psychologie de la forme.* Paris: Gallimard, 1964.

KÖHLER, W. An aspect of Gestaltpsychology. In: *Psychologies of 1925.* Londres: C. Murchison, 1928. p. 166-1925.

KÖHLER, W. Some tasks of Gestaltpsychology. In: *Psychologies of 1930.* Londres: C. Murchison, 1930. p. 143-160.

GOTTSCHALDT, K. Über den Einfluss der Erfahrung auf die Wahrnemung von Figuren. *Psychologische Forschung*; n. 8, 1927. p. 216-317.

SANDERS, F. *Experimentelle Ergebnisse der Gestaltpsychologie.* Iena: Fischer, 1928.

primitiva se refere mais a relações do que a termos isolados – relações *visíveis* e não *concebidas*.[20] Tais perspectivas tornam mais compreensível a lei de Weber e, em contrapartida, dela recebem, portanto, confirmação: a descontinuidade das variações conscientes, ao corresponder a uma variação contínua do excitante, explica-se por certas leis estruturais (lei do nivelamento, lei da acentuação) e aparece finalmente como um caso particular da lei geral da "pregnância" estabelecida por Wertheimer.[21]

O espaço e o movimento

A percepção do espaço é um lugar privilegiado das complicações intelectualistas: a distância de um objeto, por exemplo, é remetida a um juízo instantâneo, que se funda sobre signos como a grandeza aparente ou a disparidade das imagens da retina, e daí se conclui o número de passos necessários para tocar o objeto. O espaço não é mais objeto de visão, mas objeto de pensamento. Ora, uma crítica muito profunda da "disparidade das imagens"[22] leva a admitir que, mesmo sendo uma condição da percepção da profundidade, a disparidade das imagens não é a ocasião de um juízo, mas a causa de um processo nervoso de que só conhecemos o resultado consciente, sob forma de impressão de profundidade. Na realidade, a percepção da profundidade é um fenômeno de estrutura análogo aos que acabam de ser assinalados.

---

[20] KÖHLER, W. Optische untersuchungen am Schimpansen und am Haushuln. In: *Abhandlungen der Königlichen preussischen Akademie der Wissenschaften*, 1915. Cf. também, do mesmo autor. Nachweis einfacher Strukturfunktionen beim Schimpasen und beim Haushuln. In: *Abhandlungen der Königlichen preussischen Akademie der Wissenschaften*, 1918.

[21] KOFKA, K. Perception: an Introduction to Gestalt theory. In: *The psychological bulletin*; tomo 19, 1922; p. 531-585. Cf., também, SANDERS, 1928.

[22] KOFKA, K. Some problems of Space perception. In: *Psychologies of 1930*. Londres: C. Murchison, 1930; p. 1161-187.

O que o demonstra, em particular, é que, no caso de um objeto visto por transparência através de um objeto mais próximo, é possível produzir ou suprimir, à vontade, a visão da profundidade, modificando a cor do campo periférico.[23] E aqui novamente a *Gestaltpsychologie* se acha no estado de interpretar importantes resultados alcançados antes dela: os de Schumann e de sua escola, que colocavam em evidência a existência, na percepção, de um tipo de espaço qualitativo.[24] Se tais pesquisas podem ter tido alguma influência sobre a obra de Lavelle[25] e se delas Pradines fornece uma bibliografia, elas continuam desconhecidas na França; e a tese de Déjean[26] não se reporta a elas, embora também apresente tendência a estabelecer a inerência da distância à visão.

---

[23] K. KOFKA, 1930. Cf. também TUDOR-HART, B. Studies in transparency, form and colour. *Psychologische Forschung*, 1928. p. 255-298.

[24] Merleau-Ponty menciona, neste passo, Schumann, Fuchs, Kats, Jaensch, de Karpinska, etc. In: *Zeitschrift für Psychologie und Phisiologie der Sinnesorganen*. Destes autores, a edição francesa fornece as seguintes indicações, mencionadas por Pradines:

SCHUMANN. Die Representation des leeren Raumes: eine neue Empfindung, n. 85, 1920.

SCHUMANN. Das Hintereinander im Sehraum, n. 86, 1921.

FUCHS, Über das simultane Hinterecinandersehen auf derselb. Sehrichtung, n. 91, 1923, cap. 8.

De KARPINSKA. Experimentelle Beiträge zur Analyse der Tiefenwahrnehmung, n. 57, 1910, p. 44 e ss.

HENNING. Ein optisches Hintereinander und Ineinander, n. 86, 1921.

KATZ. Über die Erscheinungweisen der Farben (Erg.-Bd 7, p. 209).

STUMPF. Attribute der Gesichtsempfindung (Andhandlungen der preuss Akad. d. Wissemschaften, 1917; Phil-hist. Klasse, n. 8, p. 67).

HOFFMANN. Untesuchungen über den Empfind-begriff (*Archiv. für die ges. Psych*).

[25] LAVELLE. *La perception visuelle de la profondeur*. Estrasburgo: Imprimerie alsacienne, 1921.

[26] DÉJEAN, R. *Etude psychologique de la distance dans la vision*. Paris: P.U.F., 1926.

Já que sempre se julgava o que vemos pelo que se pinta na retina e já que os pontos escalonados em profundidade ali se projetam em um único plano, era bem preciso supor que o sujeito reconstitui a profundidade, a conclui, mas não a vê. Ao contrário, e pela mesma razão, não se via dificuldade na percepção imediata da largura e da altura. Ora, não temos mais razões para considerar a profundidade como derivada e ulterior. Talvez fosse preciso até ver nisso um modo de percepção mais simples do que a das superfícies. Gelb e Goldstein[27] mostram que a visão das cores superficiais é uma organização relativamente frágil, que é facilmente alterada em certos casos patológicos e, então, cede lugar a uma visão das cores "espessas" – tanto mais espessas quanto menos claras.[28]

Aliás, o estudo direto de nossa percepção do espaço, segundo a altura e a largura, já havia descortinado fenômenos de estrutura. As características "vertical", "horizontal" ou "oblíqua" são conferidas – dizia a antiga psicologia – às linhas do campo visual por uma referência mental ao meridiano de nossa retina, ao eixo de nossa cabeça e de nosso corpo. Ao contrário, para Wertheimer,[29] certos pontos importantes de nosso campo visual (pontos de "ancoragem") determinam algo como um "nível espacial", e as linhas do campo visual são afetadas *imediatamente* por índices "para cima", "para baixo", sem juízo nem comparação. Determinam-se, pela experimentação, rupturas de equilíbrio ou mudanças desse nível, e verifica-se

---

[27] GELB; GOLDSTEIN. *Psychologische Analysen hirnpathologischer Fälle.* Leipzig: J.A. Barth,1920; tomo I, cap. I, p. 334-419.

[28] Sobre as relações da clareza – ou, mais exatamente, da *Eindringlichkeit* – e da espessura aparente, cf. ACKERMANN, A. Farbschwelle und Feldstruktur. In: *Psychologie Forschung*, 1924, p. 44-84. Cf. também TUDOR-HART, B. Studies in transparency, form and colour. *Psychologische Forschung*, 1928. p. 255-298.

[29] WERTHEIMER, M. Experimentelle Studien über das Sehen von Bewegung. *Zeitschrift für Psychologie*, v. 61, 1912. p. 161-265 (*Anhang;* p, 253-265).

que, nesses casos, não se trata de modo algum de uma operação intelectual, de uma mudança de sistema de coordenadas.

É também por uma série de experiências metódicas que o mesmo autor põe a nu no movimento dito "estroboscópico" um "movimento puro", movimento sem móvel. Nossa percepção do movimento não poderia, portanto, ser assimilada à estimativa de uma distância crescente entre dois únicos pontos percebidos, ao movimento tal como o físico o define. É preciso insistir no fato de que, tanto nessa análise como nas precedentes, todo o interesse dos psicólogos da *Gestalt* se volta para as experiências que os seus princípios tornam possíveis e das quais não se pode dar conta aqui. Nada se parece menos a um apelo precipitado ao *sui generis*.[30]

Estas anotações não pretendem esgotar a análise do espaço perceptivo, segundo a *Gestaltpsychologie*. Foram retidas, sobretudo, as observações novas que ela coloca sob as rubricas tradicionais. Mas ela também abriu novos capítulos, por exemplo, o da estática ingênua, inerente à nossa percepção.[31]

Gestaltpsychologie e psicologia da infância

A ideia de uma "percepção sincrética" na criança,[32] confirmada por pesquisas mais recentes e, em particular, por um estudo do movimento estroboscópico na criança,[33] deparou-se com observações que, ao contrário, assinalavam na criança uma percepção extremamente sensível aos detalhes. Parece que a noção de *Gestalt* permite fazer justiça às

---

[30] WERTHEIMER, M. Experimentelle Studien über das Sehen von Bewegung. *Zeitschrift für Psychologie,* v. 61, 1912. p. 161-265 (*Anhang;* p, 253-265).

[31] KÖHLER, W. *L'intelligence des singes supérieurs.* Paris: Alcan, 1927; nova ed., P.U.F., C.E.P.L., 1973.

[32] CLARAPÈDE, E. *Pédagogie de l'enfant et pédagogie expérimentale.* Genebra: Kïndig, 1905.

[33] MEILLI; TOBLER. Les mouvments stroboscopiques chez les enfants. *Archives de Psychologie.* tomo 23, 1931-1932. p. 131-156.

duas séries de observações. Pois[34] a percepção sincrética, a de um bloco uniforme, e a percepção analítica, em que só existem os detalhes justapostos, no lugar de se oporem uma à outra, como se acredita frequentemente, opõem-se, ambas, à percepção estruturada do adulto, na qual os conjuntos são articulados, e os detalhes, organizados.

A percepção infantil, no entanto, já estaria organizada; porém, à sua maneira. E este é um princípio que a *Gestaltpsychologie* propõe à psicogênese: o desenvolvimento não se faz por simples adjunção ou adição, mas por reorganização.[35] No que concerne à percepção, ele faria aparecer, não um mundo de objetos vinculados a partir de um mosaico de impressões, mas a partir de conjuntos, mal ou diferentemente vinculados, dos conjuntos mais bem articulados. Assim, seriam encontradas certas observações de Piaget[36] que as fórmulas do próprio Piaget nem sempre recobrem com exatidão. Se é dito, por exemplo, que a percepção do mundo na criança é "egocêntrica", a fórmula é válida no sentido de que o mundo da criança ignora os mais simples critérios de objetividade do adulto. Justamente, porém, ignorar a objetividade do adulto não é viver em si, é praticar uma objetividade sem medida, e seria preciso que a fórmula de egocentrismo não pudesse sugerir a velha ideia de uma consciência fechada em "suas birras". As observações de P. Guillaume[37] assinalam, ao contrário, a precocidade de um comportamento adaptado ao espaço. É

---

[34] MEILLI; TOBLER. Les perceptions des enfants et la psychologie de la Gestalt. *Archives de Psychologie;* tomo, 23, 1931-1932. p. 25-44.

[35] KOFKA, K. *Die Grundlagen der psychischen Entwicklung.* Osterwick am Harz: 1921. v. I. Cf. também *The growth of the mind.* Londres, Nova Iorque: Kegan Paul, Trench Trubner and Co, Harcourt, Brace and Co, 1925. Cf. ainda, Théorie de la forme et psychologie de l'enfant. *Journal de psychologie normale et pathologique.* Paris: 1924; tomo 21. p. 102-111.

[36] PIAGET, J. *La représentation du monde chez l'enfant.* Paris: Alcan, 1926; nova edição, P.U.F., 1972.

[37] GUILLAUME, P. Le problème de la perception de l'espace et la psychologie de l'enfant. *Journal de psychologie normale et pathologique,* tomo 21, 1924. p. 112-134.

significativo que H. Wallon, parecendo conceber a gênese da percepção objetiva, segundo perspectivas tradicionais, como uma passagem do interno ao externo,[38] faça implicitamente restrições a essa tese, pois vê a criança – ao que parece,[39] a partir de três ou quatro meses, ou seja, "ao mesmo tempo em que se inicia a sutura mielínica entre os domínios intero e próprio-ceptivos, por um lado, e, por outro, o domínio exteroceptivo" – "voltada para uma fonte de excitações, para um motivo em movimentos e apegada em experimentar as suas diversas possibilidades".[40]

Gestaltpsychologie e teoria do conhecimento

Essa concepção inteiramente nova do conteúdo da consciência tem importantes consequências para a teoria do conhecimento sensível. As consequências ainda não foram bem expostas. No interior da *Gestaltpsychologie*, a questão é pouco debatida. Adota-se a atitude de todas as psicologias: a distinção entre um mundo de coisas e uma consciência imanente. A organização ou a estruturação da consciência é explicada por fenômenos fisiológicos centrais (fenômenos "transversais"[41]), cuja existência, aliás, é muito contestada. Afora a *Gestaltpsychologie*, antecipou-se que, para essa escola, o problema do conhecimento se colocava nos termos postos por Kant.[42] É no rumo de uma solução muito diferente que é preciso, acreditamos, orientar-se.

---

[38] WALLON, H. De l'image au réel chez l'enfant. *Revue de philosophie.*

[39] WALLON, H. *Les origines du caractère chez l'enfant.* Paris: Bovin, 1934; p. 176 (nova edição, Paris: P.U.F., coleção Quadrige).

[40] WALLON, H. *Les origines du caractère chez l'enfant.* Paris: Bovin, p. 180.

[41] WERTHEIMER, M. Experimentelle Studien über das Sehen von Bewegung. *Zeitschrift für Psychologie;* v. 61, 1912. p. 161-265 (*Anhang;* p. 253-265)

[42] GURWITSCH, A. Phänomenologie der Thematik und des reinen Ich. *Psychologische Forschung,* 1929. p. 279-381.

O primado da percepção
e suas consequências
filosóficas (1946)

O senhor Maurice Merleau-Ponty apresenta à Sociedade Francesa de Filosofia os seguintes argumentos:

A percepção como modalidade original da consciência

O estudo da percepção, quando se faz sem preconceitos pelos psicólogos, termina por revelar que o mundo percebido não é uma soma de objetos, no sentido que as ciências dão a esta palavra; que nossa relação com ele não é a de um pensador com um objeto de pensamento; que, enfim, a unidade da coisa percebida, na qual várias consciências concordam, não é assimilável à de um teorema que vários pensadores reconhecem, nem a existência percebida à existência ideal.

Não podemos, por conseguinte, aplicar à percepção a distinção clássica da forma e da matéria, nem conceber o sujeito que percebe como uma consciência que "interpreta", "decifra" ou "ordena" uma matéria sensível da qual ela possuiria a lei ideal. A matéria está "prenhe" de sua forma, o que equivale a dizer, em última análise, que toda percepção tem lugar em certo horizonte e, enfim, no "mundo"; que ambos estão praticamente presentes antes de ser explicitamente conhecidos e postos por nós; por fim, que a relação de algum modo orgânica do sujeito percipiente e do mundo comporta, por princípio, a contradição da imanência e da transcendência.

Generalização desses resultados

Esses resultados têm somente um valor de descrição psicológica? Seria este o caso, se fosse possível sobrepor, ao mundo percebido, um mundo das ideias. Na realidade, porém, a ideia à qual damos nosso assentimento é válida apenas por um tempo de nossa vida ou por um período da história da cultura. A evidência não é jamais apodítica nem o pensamento intemporal, embora haja um progresso na objetivação e o pensamento valha sempre para mais de um instante. A certeza da ideia não fundamenta a da percepção, mas repousa sobre ela enquanto é a experiência da percepção que nos ensina a passagem de um momento ao outro e proporciona a unidade do tempo. Nesse sentido, toda consciência é consciência perceptiva, mesmo a consciência de nós mesmos.

Consequências

O mundo percebido seria o fundo sempre pressuposto por toda racionalidade, todo valor e toda existência. Uma concepção desse gênero não destrói nem a racionalidade, nem o absoluto. Ela procura fazer com que desçam à terra.

Resumo da sessão

A sessão foi aberta às 16h30min, sob a presidência do senhor Parodi.

Parodi. Senhoras e Senhores, ao abrir esta sessão, tenho o triste dever de evocar a memória de nosso colega e amigo Paul Mouy, que faleceu bruscamente, em condições mais ou menos semelhantes àquelas nas quais perdemos, no ano anterior, o seu colega, Charles Serrus. Todos os que o conheceram guardarão de Mouy uma lembrança muito viva: era um espírito sério, modesto, discreto e seguro. Seus alunos bem o sabem, os que o amam e que depositaram nele toda a sua confiança. Todos nós apreciamos a solidez de seu saber e a extensão de sua devoção, eu mais que ninguém. Tenho, com efeito, uma dívida de reconhecimento especial a seu respeito, porque ele sempre me auxiliou em diversas tarefas de ordem administrativa na *Sociedade* e na *Revista*, com simplicidade e a mais completa fidelidade. A lembrança de Mouy viverá por muito tempo entre nós.

Passo a palavra ao senhor Merleau-Ponty.

Merleau-Ponty. O ponto de partida destas observações poderia ser que o mundo percebido comporta relações, e de modo geral um tipo de organização que classicamente não são reconhecidas pelo psicólogo ou pelo filósofo.

Se considerarmos um dos objetos que percebemos, e nesse objeto um dos lados que não vemos; ou ainda, se considerarmos os objetos que não estão em nosso campo visual neste momento, o que se passa por trás de nossas costas; ou ainda, o que se passa na América ou nos antípodas – como deveremos descrever a existência desses objetos ausentes ou desses fragmentos não visíveis dos objetos presentes?

Diremos, como frequentemente o fazem os psicólogos, que eu me *represento* os lados não vistos desta lâmpada? Se eu disser que esses lados não vistos são representados, subentendo que não são captados como atualmente existentes, pois o que é representado não está aqui diante de nós, eu não o percebo atualmente. É apenas possível. Ora, os lados desta lâmpada, não sendo imaginários mas situados atrás daquilo que vejo (bastaria eu me mexer um pouco para vê-los), não posso dizer que são representados.

Diria que esses lados não vistos são de algum modo antecipados por mim, como percepções que se produziriam necessariamente se eu me mexesse, dada a lei do objeto? Se, por exemplo, eu olho um cubo, conhecendo a estrutura do cubo tal como o geômetra a define, posso antecipar as percepções que esse cubo me daria enquanto eu girasse ao redor dele. Nesta hipótese, o lado não visto seria conhecido como consequência de uma certa lei de desenvolvimento da minha percepção. Mas se eu me reportar à própria percepção, não poderei interpretá-lo assim, pois esta análise poderá ser formulada como segue: é *verdade* que a lâmpada comporta um dorso, que o cubo comporta outra face. Ora, esta fórmula "é verdade" não corresponde ao que me é dado na percepção, que me oferece não verdades como a geometria, mas presenças.

O lado não visto é captado por mim como presente, e não afirmo que o dorso da lâmpada existe no sentido em que digo: a solução do problema existe. O lado oculto está presente à sua maneira. Ele está na minha vizinhança.

Assim, não devo dizer que os lados não vistos dos objetos são simplesmente percepções possíveis, nem que são as conclusões necessárias de uma espécie de análise ou de raciocínio geométrico. O que me dá, com as faces visíveis do objeto, as faces não visíveis, esta síntese, que conduz do dado ao que não está atualmente dado, não é uma síntese intelectual que põe livremente o objeto total – é como uma síntese prática: posso tocar a lâmpada, e não somente segundo a face que se volta para mim, mas ainda o outro lado; bastaria que eu estendesse a mão para captá-la.

A análise clássica da percepção nivela toda a nossa experiência a um plano único do que é julgado, por boas razões, como verdade. Quando considero, ao contrário, o entorno da minha percepção, ele me revela outra modalidade, que não é o ser ideal e necessário do geômetra nem a simples prova sensível, o *percipi*, e que agora nos cabe justamente estudar.

Mas tais observações sobre o entorno do percebido nos ensinam a ver melhor o próprio percebido. Percebo diante de mim uma estrada ou uma casa, e as percebo afetadas de certa dimensão: a estrada é um caminho ou uma autoestrada, a casa é uma cabana ou uma fazenda. Essas identificações supõem que eu encontre a grandeza verdadeira do objeto, muito diferente daquela sob a qual ele me aparece da plataforma em que me encontro. Dizem frequentemente que restituo a verdadeira grandeza a partir da grandeza aparente, por análise e por conjectura. É inexato, por essa razão muito convincente, que a grandeza aparente de que falam não me está dada. É um fato notável que os ignorantes não atinam para a perspectiva e que foi preciso muito tempo e reflexão para que os homens se dessem conta de uma deformação perspectiva dos objetos. Não há, portanto, decifração, inferência mediata, do signo ao significado, visto que os pretensos signos não me são dados separadamente.

Da mesma maneira, não é verdade que deduzo a cor verdadeira de um objeto a partir da cor do entorno ou da iluminação, que, na maior parte do tempo, não me é dada. À hora em que estamos, porque a luz do diz entra ainda pelas janelas, percebemos o amarelo da iluminação artificial, e ele altera a cor dos objetos. Mas quando não houver mais luz do dia e esta cor amarela não for mais percebida, então veremos os objetos aproximadamente em sua cor verdadeira. Logo, a cor verdadeira não está deduzida, levando-se em conta a iluminação, visto que aquela aparece precisamente quando esta desaparece.

Se tais observações são justas, a que resultado chegamos? E como é preciso compreender esse "eu percebo" que procuramos captar?

Constatamos ao mesmo tempo que é impossível, como frequentemente se disse, decompor uma percepção, fazer uma reunião de partes ou de sensações, visto que nela o todo é anterior às partes — e que este todo não é um todo ideal. A significação que descubro no fim das contas não é da ordem do conceito: se ela dissesse respeito ao conceito, a questão seria saber como posso reconhecê-la nos dados sensíveis; e me seria preciso interpor intermediários entre o conceito e o sensível, depois intermediários entre os intermediários, e assim por diante. É preciso que a significação e os signos, que a forma e a matéria da percepção sejam aparentadas desde a origem, e que, como se diz, a matéria da percepção esteja "prenhe de sua forma".

Noutra linguagem, a síntese que compõe os objetos percebidos e que afeta com um sentido os dados perceptivos não é uma síntese intelectual: digamos com Husserl que uma "síntese de transição" – antecipo o lado não visto da lâmpada, porque posso levar a mão até ela – ou ainda uma "síntese de horizonte": o lado não visto se anuncia a mim como "visível alhures"; a uma só vez, presente e apenas iminente. O que me interdita tratar minha percepção como ato intelectual, é que um ato intelectual captaria o objeto ou como possível, ou como necessário, e que ele é, na percepção, "real"; ele se oferece como a soma interminável de uma série indefinida de visadas perspectivas, cada uma das quais lhe concerne, e nenhuma das quais o esgota. Para ele, não é um acidente oferecer-se a mim deformado, segundo o lugar que ocupo; é a esse preço que ele pode ser "real". A síntese perceptiva deve, portanto, ser consumada por aquele que puder a uma só vez delimitar nos objetos certos aspectos perspectivos, os únicos atualmente dados, e ao mesmo tempo superá-los. Esse sujeito que assume um ponto de vista é o meu corpo como campo perceptivo e prático, enquanto meus gestos têm um certo alcance e circunscrevem, como meu domínio, o conjunto dos objetos que são familiares para mim. A percepção é aqui compreendida como referência a um todo que por princípio não é captável, senão através de algumas de suas partes ou alguns de seus aspectos. A coisa percebida não é uma unidade ideal possuída pela inteligência, por exemplo, uma noção geométrica; é uma totalidade aberta para o horizonte de um número indefinido de visadas perspectivas, que se recortam segundo certo estilo, estilo que define o objeto de que se trata.

A percepção é, portanto, um paradoxo, e a própria coisa percebida é paradoxal. Ela não existe senão enquanto alguém puder percebê-la. Não posso, por um instante sequer, imaginar um objeto em si. Como dizia Berkeley, se eu tentar imaginar algum lugar do mundo nunca antes visitado, o próprio fato de que imagino me torna presente nesse lugar; não posso, portanto, conceber o lugar perceptível no qual eu mesmo não estiver presente. Mas os próprios lugares em que me encontrar nunca me serão, entretanto, inteiramente dados. As coisas que vejo são coisas para mim somente sob a condição de sempre se retirarem para além de seus aspectos captáveis. Há, portanto, na percepção, um paradoxo da imanência e da transcendência. Imanência, visto que o percebido não poderia ser estranho àquele que o percebe; transcendência, visto que comporta sempre um além do que está atualmente dado. E esses dois elementos da percepção não são propriamente contraditórios, pois, se refletirmos sobre tal noção de perspectiva, se reproduzirmos em pensamento a experiência perspectiva, veremos que a evidência própria do percebido, o aparecimento de "algo" exige indivisivelmente esta presença e esta ausência.

Enfim, o próprio mundo, que é, numa primeira aproximação, a totalidade das coisas perceptíveis e a coisa de todas as coisas, deve ser compreendido, não como um objeto no sentido que o matemático ou o físico poderiam dar a essa palavra, ou seja, como uma lei única que cobriria todos os fenômenos parciais, ou como uma relação fundamental verificada em todos, mas como o estilo universal de toda percepção possível. Seria preciso, aqui, explicitar essa noção do mundo, que serve de fio condutor a toda a dedução transcendental em Kant, sem que Kant nos tenha indicado a sua origem. "Se um mundo deve ser possível", diz ele algumas vezes, como se pensasse antes do mundo, assistisse à sua gênese e pudesse pôr, *a priori*, as suas condições. Na realidade, como o próprio Kant o disse profundamente, não podemos pensar o mundo senão porque de início temos a experiência dele; é por essa experiência que temos a ideia do ser e por ela é que as palavras "racional" e "real" recebem simultaneamente um sentido.

Se agora considerar, não mais o problema de saber como há para mim coisas ou como tenho uma experiência perceptiva unificada e única que tem continuidade, mas o problema de saber como a minha experiência se liga com a experiência que os outros têm dos mesmos objetos, a percepção ainda aparecerá como fenômeno paradoxal que torna o ser acessível a nós.

Se considerar minhas percepções como simples sensações, elas serão privadas, serão somente as minhas. Se as tratar como atos de inteligência, se a percepção for uma inspeção do espírito, e o objeto percebido, uma ideia, então, será do mesmo mundo que falamos, vocês e eu, e a comunicação entre nós será de direito, porque o mundo terá passado à existência ideal e porque ele será o mesmo em todos nós, tal como o teorema de Pitágoras. Mas nenhuma dessas duas fórmulas dá conta de nossa experiência. Se estivermos, um amigo e eu, diante de uma paisagem, e se eu tentar mostrar a meu amigo algo que vejo e que ele não vê ainda, não daremos conta da situação dizendo que vejo algo no meu mundo próprio e que tento por mensagens verbais suscitar uma percepção análoga no mundo de meu amigo; não há dois mundos numericamente distintos e uma única mediação da linguagem que nos reuniria. Há – e sinto muito bem isso, se me impaciento – um tipo de exigência de que o que é visto por mim seja visto por ele. Ao mesmo tempo, porém, essa comunicação é solicitada pela coisa mesma que vejo, pelos reflexos do sol sobre ela, por sua cor, por sua evidência sensível. A coisa se impõe, não como verdadeira para toda inteligência, mas como real para todo sujeito que partilhe a minha situação.

Não saberei jamais como vocês veem o vermelho, e vocês não saberão jamais como eu o vejo; mas tal separação das consciências não é reconhecida senão após fracasso da comunicação, e nosso primeiro movimento é crer que há um ser indiviso entre nós. Não tem cabimento tratar essa comunicação primordial como uma ilusão – é o que o sensualismo faz – já que, mesmo assim, ela se tornaria inexplicável. E não tem cabimento fundá-la sobre a nossa comum participação na mesma consciência intelectual, já que seria suprimir a irrecusável pluralidade das consciências. É preciso, portanto, que, pela percepção de outrem, eu me encontre posto em relação com um outro eu, que ele esteja em princípio aberto às mesmas verdades que eu, em relação com o mesmo ser que eu. E essa percepção se realiza: do fundo de minha subjetividade, vejo aparecer outra subjetividade investida de direitos iguais, porque, em meu campo perceptivo, se desenha a conduta de outrem, um comportamento que compreendo, a palavra de outrem, um pensamento que eu abraço, e porque este outro, nascido em meio aos meus fenômenos, apropria-se deles, tratando-os segundo as condutas típicas das quais eu próprio tenho a experiência. Assim como o meu corpo, enquanto sistema de minhas apreensões do mundo, funda a unidade dos objetos que percebo, assim também o corpo de outrem, enquanto portador de condutas simbólicas e da conduta do verdadeiro, é arrancado da condição de um de meus fenômenos, propõe-me a tarefa de uma comunicação verdadeira e confere a meus objetos a dimensão nova do ser intersubjetivo ou da objetividade. Tais são, rapidamente resumidos, os elementos de uma descrição do mundo percebido.

Alguns de nossos colegas, os que quiseram me enviar suas observações por escrito, me concedem que tudo isso é válido como inventário psicológico. Mas, acrescentam, resta o mundo, do qual se diz que é verdadeiro, isto é, o mundo do saber, o mundo verificado, o mundo da ciência. A descrição psicológica concerne somente a um pequeno rincão de nossa experiência, e não tem cabimento, pensam, dar a tais descrições um alcance geral; elas não concernem ao próprio ser, mas simplesmente a singularidades psicológicas da percepção. Tais descrições, acrescente-se, são tanto menos admissíveis a título definitivo quanto encontram contradições no mundo percebido. De que modo seria possível reconhecer contradições como últimas? A experiência perceptiva é contraditória porque confusa; é preciso pensá-la; quando for pensada, suas contradições se dissiparão à luz da inteligência. Enfim, me dizia um correspondente, somos convidados a nos reportar ao mundo percebido, tal como o vivemos. Isso quer dizer que não é necessário refletir ou pensar e que a percepção sabe melhor que nós o que faz. Como essa renúncia da reflexão poderia ser filosofia?

É exato que, ao descrever o mundo percebido, acaba-se em contradições. É exato também que, se houver um pensamento não contraditório, ele excluirá como simples aparência o mundo da percepção. Apenas a questão é justamente saber se há um pensamento logicamente coerente, ou ainda, um pensamento do ser puro. É a questão que Kant punha a si mesmo, e a objeção que acabo de resumir é uma objeção pré-kantiana. Uma das descobertas de Kant, da qual não se tiraram todas as consequências, não é que nossa experiência do mundo está inteiramente tecida de conceitos, os quais conduzirão a contradições irredutíveis se quisermos tomá-las no sentido absoluto ou transferi-las ao ser puro e que, entretanto, constituem a estrutura de todos os nossos fenômenos, de tudo o que pode ser para nós? Que a própria filosofia kantiana não tenha feito todo o uso possível deste princípio, que sua investigação da experiência permaneça parcial ao mesmo tempo que a sua crítica do dogmatismo, isso seria demasiado longo mostrar, e, aliás, é algo bem conhecido. Eu gostaria somente de assinalar que a reprimenda de contradição não será decisiva, *se a contradição reconhecida aparecer como a condição mesma da consciência.* É neste sentido que Platão e Kant, para falar somente deles, assumiram contradições que Zenon e Hume não admitiram. Há uma vã contradição que consiste em afirmar duas teses que se excluem ao mesmo tempo e sob a mesma relação. E há filosofias que mostram as contradições presentes no próprio coração do tempo e de todas as relações. Há a não contradição estéril da lógica formal e as contradições fundadas da lógica transcendental. A objeção de que nos ocupamos só pareceria admissível se, tendo em vista o mundo percebido, pudéssemos estabelecer um sistema de verdades eternas, subtraídas às suas contradições.

Reconhecemos de bom grado que a descrição do mundo percebido, tal como nós a resumimos há pouco, não pode bastar a si mesma, e, enquanto se deixar intacta ao lado a ideia do mundo verdadeiro, pensado pelo entendimento, ela passa por curiosidade psicológica. Isso nos conduz, portanto, ao segundo ponto que nos propúnhamos a examinar: qual a relação da consciência intelectual e da consciência perceptiva?

Antes de abordá-lo, digamos uma palavra sobre a outra objeção que nos foi endereçada: o senhor retorna ao irrefletido; renuncia, portanto, a refletir. É verdade que reencontramos o irrefletido. Mas o irrefletido ao qual retornamos, não é aquele anterior à filosofia ou anterior à reflexão. É o irrefletido compreendido e conquistado pela reflexão. A percepção deixada a si mesma se esquece e ignora as suas próprias realizações. Longe de a filosofia nos aparecer como um inútil redobro da vida, ela é, ao contrário, para nós, a instância sem a qual a vida teria a chance de se dissipar na ignorância de si ou no caos. Mas isso não quer dizer que a reflexão deva arrebatar-se a si mesma nem fingir que ignora as suas origens. Fugindo às dificuldades é que ela deixaria de cumprir a sua tarefa.

Devemos agora generalizar, dizer que o que é verdadeiro da percepção é verdadeiro também da intelecção, e que de modo geral toda a nossa experiência, todo o nosso saber comportam as mesmas estruturas fundamentais, a mesma síntese de transição, o mesmo gênero de horizontes que acreditamos encontrar na experiência perceptiva?

Sem dúvida vão se opor a essa ideia a verdade absoluta ou a evidência do saber científico. Mas nos parece que as aquisições da filosofia das ciências confirmam o primado da percepção. Os trabalhos da escola francesa no início deste século e toda a obra de Brunschvicg não mostram senão que o saber científico não poderia se fechar em si mesmo, que ele é sempre saber aproximado, e que consiste em elucidar um mundo pré-científico do qual jamais se termina de fazer a análise? As relações físico-matemáticas não assumem um sentido físico senão na medida em que nos representamos, no mesmo momento, as coisas sensíveis às quais, em última análise, essas relações se aplicam. Brunschvicg reprovava ao positivismo, como uma ilusão dogmática, a convicção de que a lei é mais verdadeira que o fato; a lei é, acrescentava, inteiramente concebida para tornar o fato inteligível. O acontecimento percebido não pode jamais ser reabsorvido no conjunto das relações transparentes que a inteligência constrói por ocasião do acontecimento. Mas se isso é assim, a filosofia não é somente a consciência dessas relações, ela é também a consciência do termo obscuro e do "fundo não relacional" sobre o qual elas se estabelecem, sem o que ela não cumpre a sua tarefa de elucidação universal. Quando penso o teorema de Pitágoras e o reconheço como verdadeiro, é claro que esta verdade não é momentânea. Entretanto, os progressos ulteriores do saber farão aparecer que ainda não se trata de uma evidência última, incondicionada, e que, se o teorema de Pitágoras e o sistema euclidiano puderam ser tomados por tais evidências, isto é a marca de certa época da cultura, que um desenvolvimento novo não devia anular, sem dúvida, mas colocar em seu lugar de verdade parcial e ainda abstrata; de sorte que, aqui, não temos de nos haver com uma verdade fora do tempo, mas, antes, com a retomada de um tempo por outro tempo, como, no nível da percepção, nossa certeza de ter de nos havermos com uma coisa não nos põe a salvo de um desmentido da experiência ou não nos dispensa de uma experiência mais ampla. Seria preciso naturalmente estabelecer uma diferença entre verdade ideal e verdade percebida. Não é essa tarefa imensa que eu me proponho agora. Busco somente mostrar o laço por assim dizer orgânico da percepção e da intelecção. Ora, é incontestável que domino o desenrolar de meus estados, que chego a ignorar esse desenrolar, no momento em que penso e estou na ideia, em que não estou dividido entre os instantes da minha vida. Mas é incontestável também que essa dominação do tempo, que se faz pelo pensamento, é sempre, em algum grau, falaciosa. Posso, seriamente e pensando no que digo, afirmar que minhas ideias de agora são minhas ideias para sempre? Não sei que após seis meses, em um ano, mesmo se as fórmulas finais a que eu chegar forem mais ou menos as mesmas, terão mudado ligeiramente de sentido? Não sei que há uma vida das ideias como há um sentido em tudo o que eu vivo e que cada um de meus pensamentos os mais convincentes precisará de complemento, e será, em seguida, não destruído, mas ao menos integrado a outro conjunto? Esta concepção de saber é a única que não é mitológica, que é científica.

Há, portanto, algo comum à percepção e ao pensamento: ambos comportam um horizonte de futuro e um horizonte de passado, aparecem a si mesmos como temporais, embora não escoem na mesma velocidade nem ao mesmo tempo. É preciso, portanto, dizer que a cada momento nossas ideias exprimem, ao mesmo tempo que a verdade, nossa capacidade de atingi-la nesse momento. O ceticismo começa quando se conclui a partir daí que as nossas ideias são sempre falsas. Mas só é possível fazê-lo referindo-se a algum ídolo do saber absoluto. É preciso dizer, ao contrário, que nossas ideias, por mais limitadas que sejam em um dado momento, exprimem sempre o nosso contato com o ser e com a cultura, são suscetíveis de verdade, contanto que as mantenhamos abertas ao campo da natureza e da cultura que elas devem expressar. Ora, esse recurso sempre nos será oferecido, justamente enquanto formos temporais. A ideia de ir direto ao ponto é, se bem refletida, uma ideia inconsistente. O que é dado é um caminho, uma experiência que esclarece a si mesma, se retifica e dá prosseguimento ao diálogo consigo mesmo e com outrem. Portanto, o que nos arranca à dispersão dos instantes, não é uma razão inteiramente pronta, é – como sempre se disse – uma luz natural, nossa abertura a *algo*. O que nos salva é a possibilidade de um novo desenvolvimento e nosso poder de tornar verdadeiro mesmo o que é falso, repensando nossos erros e repondo-os no domínio do verdadeiro.

Mas enfim, dirão, na reflexão pura, e inteiramente fora da percepção, capto e atinjo a mim mesmo, não mais como sujeito percipiente, ligado por seu corpo a um sistema de coisas, mas como um sujeito pensante, radicalmente livre com respeito às coisas e com respeito este corpo. Como, em nossa perspectiva, essa experiência de si, esse *cogito*, é possível, e que sentido ele preserva?

Há um primeiro modo de compreender o *cogito*: dizer que, quando capto a mim mesmo, me limito a notar, por assim dizer, um fato psíquico: eu penso. É uma constatação instantânea, e sob a condição de que a experiência não dure dou assentimento imediato ao que penso e, por conseguinte, não posso duvidar disso. É o *cogito* dos psicólogos. Esse *cogito* de um instante, é nele que pensa Descartes ao dizer que estou certo da existência durante todo o tempo que penso nisso. Tal certeza está limitada à minha existência e a meu pensamento, inteiramente puros e nus. Assim que quiser especificá-los em qualquer pensamento particular, fracassarei, pois, como explica Descartes, todo pensamento particular utiliza premissas inatuais. A primeira verdade, assim compreendida, permanece como a única verdade. Ou antes, ela não pode sequer ser formulada como verdade, ela se experimenta no instante e no silêncio. O *cogito* assim compreendido – à maneira cética – não dá conta de nossa ideia da verdade.

Há um segundo modo de compreender o *cogito*: como apreensão, não somente devido ao fato que penso, mas ainda aos objetos que esse pensamento visa, e como evidência não somente de uma existência privada, mas também das coisas nas quais ele pensa, ao menos como ele os pensa. Nessa perspectiva, o *cogito* não é nem mais certo nem certo de outra maneira do que o *cogitatum*. Aqui e ali, há evidência ideal. Assim, algumas vezes, Descartes apresentou o *cogito*, por exemplo, nas *Regulae*, quando ele situa a existência própria (*se esse*) no número das evidências mais simples. Isso supõe que o sujeito seja perfeitamente transparente a si mesmo, como uma essência, e é incompatível com a ideia de dúvida hiperbólica, que atinge até mesmo as essências.

Mas há um terceiro sentido do *cogito*, o único sólido: o ato de duvidar, pelo qual imprimo incerteza em todos os objetos possíveis de minha experiência, apreende-se a si mesmo em obra e não pode, então, colocar a si mesmo em dúvida. O próprio fato de duvidar obtura a dúvida. A certeza que tenho de mim mesmo é, aqui, uma verdadeira percepção: eu me apreendo, não como um sujeito constituinte, transparente a si mesmo e que desdobra a totalidade dos objetos do pensamento e da experiência possíveis, mas como um pensamento particular, um pensamento engajado em certos objetos, um pensamento em ato, e é sob esse aspecto que estou certo de mim mesmo. O pensamento é dado a si mesmo; de algum modo, estou lançado no pensamento e disso me apercebo. Sob esse aspecto, estou certo de ser pensamento disto ou daquilo, ao mesmo tempo que estrito pensamento. Posso, portanto, sair do *cogito* psicológico, aliás, sem me considerar como cogitante universal. Não sou acontecimento simplesmente constituído, não sou um naturante universal; sou um pensamento que se reapreende já provido de um ideal de verdade, de que ele não pode a cada momento fornecer todas as razões, e que é o horizonte de suas operações. Esse pensamento que mais se toca do que se vê, que mais procura a clareza do que a tem e mais produz a verdade do que a encontra, é ele que Lagneau descrevia em um texto outrora célebre. É preciso submeter-se à vida ou produzi-la? – perguntava. E respondia: "Mais uma vez, 'não' é à inteligência que a questão diz respeito: somos livres e, nesse sentido, o ceticismo é o verdadeiro. Mas responder não é tornar ininteligível o mundo e a si mesmo, é decretar o caos e estabelecê-lo, de início, em si. Ora, o caos não é nada. Ser ou não ser, o si e todas as coisas, é preciso escolher".[43] Encontro aqui, em um autor que durante toda a sua vida refletiu sobre Descartes, Espinosa e Kant, a ideia – algumas vezes tida por bárbara – de um pensamento que se lembra de ter nascido, retoma-se soberanamente, e no qual coincidem o fato, a razão e a liberdade.

Perguntemo-nos, para terminar, no que se tornam, em uma concepção desse gênero, a racionalidade e a prática, com o que pode haver aí de afirmação absoluta, sempre implicada na prática.

O fato de que minhas experiências concordem entre si e que eu experimente a concordância de minhas experiências com as de outrem não é de modo algum comprometido pelo que acabamos de dizer, já que ele é, ao contrário, posto em relevo contra o ceticismo. Algo se manifesta em mim, como em outrem, e esses fenômenos, delimitando para nós todo o

---

[43] LAGNEAU, J. *Cours sur l'existence de Dieu: célèbres leçons et fragments*. Paris: PUF, 1964.

ser pensável ou concebível, são certos como tais. Há sentido. Simplesmente a racionalidade não é garantida nem como total nem como imediata. Está, de algum modo, aberta, o que quer dizer ameaçada.

Daí resulta sem dúvida que uma concepção desse gênero encontraria uma dupla crítica, do lado da psicologia e do lado da filosofia.

Os próprios psicólogos, que descreveram o mundo percebido como eu o fiz no início, os teóricos da forma na Alemanha, nunca tiraram dessas descrições as suas consequências filosóficas. Permanecem, a tal respeito, no plano clássico. As estruturas do mundo percebido são consideradas por eles, no fim das contas, como simples resultado de certos processos físicos e fisiológicos que se desenrolam no sistema nervoso, e criam, peça por peça, as formas e a experiência das formas. O organismo e a própria consciência são funções das variáveis físicas exteriores. No fim das contas, o que é verdadeiro é o mundo físico, tal como sempre foi concebido e que engendra a nossa própria consciência.

Mas trata-se de saber se, após ter feito o seu trabalho, isto é, chamado a atenção para os fenômenos e para o mundo percebido, a *Gestalttheorie* pode voltar à noção clássica do ser e da objetividade, e enquadrar o mundo das formas em um ser no sentido clássico da palavra. Uma das mais importantes aquisições da teoria foi, sem dúvida alguma, ultrapassar a alternativa clássica da psicologia objetiva e da psicologia de introspecção. Esses psicólogos ultrapassaram a alternativa ao mostrar que o objeto da psicologia é a estrutura dos comportamentos, acessível tanto de fora como de dentro. Em seu livro sobre os chimpanzés[44], Köhler aplicou essa ideia ao mostrar que, quando descrevemos o comportamento de um chimpanzé, somos levados a fazer com que intervenham, para caracterizar o comportamento, noções como a "sequência

---

[44] KÖHLER, W. *L'intelligence des singes supérieurs*.

melódica" do comportamento, noções antropomórficas, mas que são, entretanto, suscetíveis de uma utilização objetiva, já que conseguimos nos entender sobre o comportamento "melódico" ou "não melódico", sobre as "boas soluções" e as "más soluções". A ciência psicológica não se constrói, portanto, fora do mundo humano, mas é precisamente uma propriedade do mundo humano comportar a distinção do verdadeiro e do falso, do objetivo e do fictício. Em seguida, quando a teoria da forma, a despeito de seus próprios resultados, tenta envolver-se em uma ontologia cientificista e positivista, é ao preço de uma contradição interna onde não devemos acompanhá-la. Ao voltar ao mundo percebido como nós o fizemos há pouco, ao reencontrar os fenômenos e ao medir por eles a nossa concepção do ser, não sacrificamos de modo algum a objetividade à vida interior, como reprovaram a Bergson por tê-lo feito, já que, como a teoria da forma o mostrou, a estrutura, a *Gestalt*, a significação não são menos visíveis nas condutas objetivamente consideradas do que na experiência de nós mesmos, contanto que o objetivo não seja confundido com o mensurável. Somos verdadeiramente objetivos a respeito do homem quando cremos poder considerá-lo como objeto suscetível de ser explicado por um entrecruzamento de processos, causalidades; não o somos ainda mais quando procuramos, pela descrição das condutas típicas, constituir uma verdadeira ciência da vida humana? Somos objetivos quando aplicamos ao homem testes que só concernem a atitudes abstratas ou mais objetivos quando, ainda por meio de testes, tentamos captar a tomada de posição do homem na presença do mundo e dos outros?

A psicologia como ciência não tem nada a temer de um retorno ao mundo percebido, nem de uma filosofia que tire as consequências desse retorno. Longe de ser nociva à psicologia, tal atitude extrai, ao contrário, a significação filosófica de suas descobertas. Pois não há duas verdades, não há uma psicologia indutiva e uma filosofia intuitiva. A indução psicológica nunca é apenas o meio metódico para aperceber certa conduta típica; e se a indução encerra a intuição, inversamente a intuição não opera no vazio, ela se exerce nos fatos, nos materiais, nos fenômenos trazidos à luz do dia pela pesquisa científica. Não há dois saberes, mas dois graus diferentes de explicitação do mesmo saber. A psicologia e a filosofia se nutrem dos mesmos fenômenos, apenas os problemas são mais formalizados no nível da filosofia.

Talvez justamente os filósofos digam aqui que cedemos um lugar demasiado grande à psicologia, que comprometemos a racionalidade ao fundamentá-la na concordância com as experiências, tal como ela se manifesta na experiência perceptiva. Mas ou a exigência de uma racionalidade de direito não é senão um voto, uma preferência pessoal que não se confunde com a filosofia, ou, no que ela tem de fundamentado, o nosso ponto de vista a satisfaz bem mais e melhor do que outro ponto de vista. Quando os filósofos querem pôr a razão ao abrigo da história, não podem esquecer pura e simplesmente tudo o que a psicologia, a sociologia, a etnografia, a história e a patologia mental nos ensinaram sobre o condicionamento das condutas humanas. Seria uma maneira bem romântica de amar a razão assentar o seu reino na recusa de nossos conhecimentos. O que podem exigir validamente é que jamais o homem esteja submetido à fatalidade de uma natureza ou de uma história exteriores, despojado de sua consciência. Ora, a esse respeito, uma perspectiva como a nossa dá satisfação. Ao falar de um primado da percepção, é claro, não quisemos jamais dizer (o que seria voltar às teses do empirismo) que a ciência, a reflexão, a filosofia fossem sensações transformadas ou que os valores fossem prazeres diferidos e calculados. Exprimíamos nesses termos que a experiência da percepção nos põe em presença do momento em que se constituem para nós as coisas, as verdades, os bens, que ela nos entrega um *logos* em estado nascente, que ela nos ensina, fora de todo dogmatismo, as condições verdadeiras da própria objetividade, que ela nos lembra as tarefas do conhecimento e da ação. Não se trata de reduzir o saber humano ao sentir, mas de assistir ao nascimento desse saber, de torná-lo para nós tão sensível quanto o sensível, de reconquistar a consciência da racionalidade, que se perde ao crê-la óbvia, que se a reencontra, ao contrário, ao fazê-la aparecer sob um fundo de natureza inumana. Sob esse aspecto o trabalho, que é a ocasião desta comunicação, é apenas preliminar, já que não fala senão muito pouco da cultura e da história. Com o exemplo da percepção – privilegiado porque o objeto percebido é por definição presente e vivo – o trabalho procura definir um método de abordagem que nos dá o ser presente e vivo, e que deverá ser aplicado em seguida na relação do homem com o homem, na linguagem, no conhecimento, na sociedade e na religião, assim como foi aplicado neste trabalho na relação do homem com a natureza sensível, ou na relação do homem com o homem no nível do sensível. Denominamos primordial essa camada de experiência para significar, não que todo o resto derive dela pela via de transformação e de evolução (dissemos expressamente que o homem percebe como nenhum outro animal o faz), mas no sentido de que revela os dados permanentes do problema que a cultura procura resolver. Se não ligamos o sujeito ao determinismo de uma natureza exterior, e somente o substituímos no berço do sensível, que ele transforma sem o abandonar, tampouco o submeteremos a alguma história em si: a história são os outros, a relação de intercâmbio que temos com eles, e fora da qual nosso ideal assume figura de álibi.

Isso nos conduz – e me desculpo por ter sido tão longo – a tirar algumas consequências daquilo que precede no que concerne à prática. Se admitirmos que nossa vida é inerente ao mundo percebido e ao mundo humano, embora ela os recrie e contribua para os fazer, então a moralidade não pode consistir na adesão privada a certos valores: os princípios são mistificações se não passam pela prática, é preciso que eles animem nossas relações com outrem. Já não podemos, portanto, permanecer indiferentes à figura que os nossos atos assumem na perspectiva de outrem, e a questão que se põe é saber se a intenção basta para justificar. É claro, a aprovação deste ou daquele grupo não prova nada, já que, ao buscá-la, escolheríamos os nossos juízes, o que equivale a dizer que ainda pensaríamos segundo nós mesmos. É a própria exigência de racionalidade que nos impõe agir de tal modo que nossa ação não possa ser considerada como agressiva por nenhum outro, e, ao contrário, a esse outro se reúna generosamente naquilo que a sua situação tem de particular. Ora, a partir do momento em que, na moralidade, se leva em conta as consequências da ação para outrem (e como não fazê-lo se a universalidade do ato deve ser algo mais do que uma palavra?), parece possível que as nossas relações com outrem estejam marcadas de imoralidade, se porventura as nossas perspectivas forem inconciliáveis, se, por exemplo, os interesses legítimos de uma nação forem incompatíveis com os de outra. Nada nos garante que a moralidade seja possível, como Kant o havia dito de uma palavra da qual o sentido ainda não se esgotou. Mas tampouco nenhuma fatalidade nos assegura que a moralidade é impossível. Nós a constatamos em uma experiência que é a percepção de outrem, e por ter evocado a ameaça que sobre ela faz pesar a pluralidade das consciências, somos mais conscientes daquilo que ela tem de inesperado, de difícil e de precioso. Assim como a percepção de uma coisa me abre ao ser, ao realizar a síntese paradoxal de uma infinidade de aspectos perceptivos, assim também a percepção de outrem fundamenta a moralidade ao realizar o paradoxo de um *alter ego*, de uma situação comum, ao me recolocar a mim, minhas perspectivas e minha solidão incomunicável no campo de visão de outro e de todos os outros. Aqui, como por toda a parte, o primado da percepção – o reconhecimento, no próprio coração de nossa experiência a mais individual, de uma contradição fecunda que a submete ao olhar de outrem – é o remédio para o ceticismo e para o pessimismo. Se se admitir que a sensibilidade está fechada nela mesma e se se buscar a comunicação com a verdade e com outrem somente no nível de uma razão sem carne, então não há muito a esperar. Nada é mais pessimista e cético do que aquele famoso texto onde Pascal, ao se perguntar o que é amar, observa que não se ama uma mulher por sua beleza, que pode perecer, nem por seu espírito, que ela pode perder, e conclui subitamente: "Portanto, nunca amamos ninguém, amamos somente qualidades". É que Pascal procede como o cético que se pergunta *se* o mundo existe, e observa que a mesa é somente uma soma de sensações, a cadeira, outra soma de sensações e conclui por fim: nunca vemos nada, vemos somente sensações. Se, ao contrário, como exige o primado da percepção, chama-se de mundo aquilo que percebemos, e de pessoa, aquilo que amamos, há um tipo de dúvida sobre o homem, e de maldade, que se torna impossível. Certamente, o mundo que se encontra desse modo não é absolutamente seguro. Mede-se a ousadia do amor, que promete além do que sabe, que pretende ser eterno, embora uma doença, um acidente, talvez o destrua... Mas é *verdade* que, no momento dessa promessa, ama-se para além das *qualidades*, além do corpo, além dos momentos, mesmo não sendo possível amar sem qualidades, sem corpo, sem momentos. É Pascal que, para reencontrar a unidade no além, fragmenta a bel prazer a vida humana e reduz a pessoa a uma série descontínua de estados. O absoluto que ele procura além de nossa experiência está implicado nela. Assim como eu capto o tempo através de meu presente e estando presente, percebo outrem através de minha vida singular, na tensão de uma experiência que a supera.

Não há aqui, portanto, nenhuma destruição do absoluto ou da racionalidade, senão do absoluto e da racionalidade separados. Na verdade, o cristianismo já consistiu em substituir o absoluto separado pelo absoluto nos homens. A ideia nietzschiana de que Deus morreu já está contida na ideia cristã da morte de Deus. Deus deixa de ser objeto exterior para se misturar à vida humana; e essa vida não é simples retorno a uma solução intemporal: Deus precisa da história humana; como diz Malebranche, o mundo é inacabado. Nossa atitude é diferente da atitude cristã na medida em que o cristão crê em um avesso das coisas, onde se consuma a "reviravolta do pró ao contra". No nosso sentido, a reviravolta se faz sob os nossos olhos. Talvez até alguns cristãos concordem que o avesso das coisas deva estar desde já visível onde vivemos. Ao avançarmos a tese de um primado da percepção, temos menos o sentimento de propor uma novidade do que levar às suas devidas consequências os trabalhos de nossos antepassados.

★

Parodi. Depois dessa comunicação tão rica e que abre tantas perspectivas, mas que suscita também tantas dificuldades, se quisermos instituir uma discussão que possa ter alguma utilidade, será preciso talvez limitá-la: parece que é sobre a análise do ato de perceber que precisamos concentrar inicialmente o nosso esforço. Quem pede a palavra?

Bréhier. Sua comunicação contém não somente a exposição de suas ideias mas também a discussão. O senhor fala de dois pontos diferentes: uma teoria da percepção e uma certa filosofia. Se o senhor Parodi permitir, vou insistir no segundo ponto, que acho o mais interessante.

Sobre o primeiro ponto, o senhor fez uma grande quantidade de observações que são de grande interesse. Mostrou que o problema da percepção não devia ser posto no nível em que é posto habitualmente, quando se supõem objetos, um homem que chega do exterior no meio desses objetos, e as relações que há entre esse homem e esses objetos. O senhor Merleau-Ponty não conhece de modo algum esses objetos, nem esses homens; só retém a percepção deles. E creio que ele nos disse coisas muito interessantes sobre as quais estou plenamente de acordo com ele.

Mas há, no senhor Merleau-Ponty, um filósofo, e com esse filósofo certamente se pode discutir bastante. O senhor Merleau-Ponty muda, inverte o sentido ordinário daquilo que chamamos filosofia.

A filosofia nasceu das dificuldades concernentes à percepção vulgar. É a partir da percepção vulgar e ao tomar distância perante essa percepção que inicialmente filosofamos. O primeiro dos filósofos, Platão, ancestral de todos nós, filosofou desse modo. Longe de querer voltar a uma percepção imediata, a uma percepção vivida, partia das insuficiências dessa percepção vivida para chegar a uma concepção do mundo inteligível que fosse coerente, que satisfizesse à razão, que supusesse outra faculdade de conhecer distinta da própria percepção.

O senhor toma esse idealismo platônico e segue precisamente o caminho inverso: tenta reintegrá-lo na percepção e creio que é aí que se apresentam todas as dificuldades propriamente ditas. São dificuldades que o senhor mesmo indicou.

A primeira é um relativismo que o senhor tenta bem não desculpar, mas explicar de maneira satisfatória para as necessidades de nossa vida intelectual e científica; mas creio que ele não as satisfaz. E a questão que vou propor é a seguinte: o seu relativismo não é simplesmente o protagorismo? Quando o senhor fala da percepção de outrem, esse outrem só existe, segundo o senhor, em relação a nós e em suas relações conosco. Não é outrem tal como eu o percebo imediatamente; certamente não é o outro moral; não é aquela pessoa que se basta a si mesma. É alguém que ponho fora de mim ao mesmo tempo que os objetos. Ora, isto é muito grave: ele é posto por nós no mundo ao mesmo tempo que as outras coisas.

Mas isso ainda não é o principal. Trata-se de saber se a filosofia consiste em se engajar no mundo, se engajar nas coisas, não ao ponto de se identificar com elas, mas ao ponto de seguir todas as suas inflexões, ou se a filosofia não consiste precisamente numa marcha inversa desse engajamento.

De minha parte, creio que a filosofia sempre supõe uma inversão desse tipo. Suponha que houvesse fenomenologistas desde a Antiguidade. Eu lhe faço esta questão: existiria a nossa ciência? Se Anaxímenes e Anaximandro não tivessem dito: não acreditamos nesta percepção; a verdadeira realidade é o ar, é o fogo, ou (diriam os pitagóricos), é o número, – o senhor teria podido constituir a sua ciência? Em vez de pôr tais realidades desse modo, se eles já fossem fenomenologistas, o senhor acredita que teria se constituído uma filosofia?

Merleau-Ponty. A própria hipótese é impossível: a fenomenologia não poderia se constituir antes de todos os outros esforços filosóficos que a tradição racionalista representa, nem antes da construção da ciência. Ela mede o afastamento entre nossa experiência e essa ciência: como poderia ignorá-la, como poderia precedê-la? Em seguida, nem sempre houve fenomenólogos, mas houve céticos aos quais nunca se recusou direito de cidadania em filosofia. Houvera somente os céticos gregos, Montaigne ou mesmo Hume, a ciência teria progredido? Parece-me que a objeção é ainda mais válida a respeito deles.

Bréhier. Não creio. A maneira pela qual Montaigne criticou a razão fez a ciência progredir.

Merleau-Ponty. A vontade de aplicar a razão ao que passa por irracional é um progresso da razão.

Bréhier. O senhor não tem o direito de se incorporar a Montaigne e a Hume. Eles estão em um caminho inteiramente diferente do seu.

Merleau-Ponty. Hume é um dos autores que Husserl leu mais longamente. De minha parte, li Montaigne e Hume com simpatia, embora ache muito tímido o retorno deles ao positivo depois da crítica. Sempre, toda questão é saber se, ao reconhecer as dificuldades do exercício da razão, trabalha-se a favor ou contra a razão. O senhor dizia que Platão procurou abandonar a percepção pelas ideias. Seria possível dizer também que ele pôs o movimento e a vida nas ideias, tal como estão no mundo – e ele o fez ao esfacelar a lógica da identidade, ao mostrar que as ideias se transformam em seu contrário.

Bréhier. Para combater os racionalistas, o senhor supõe neles uma opinião que eles não tinham sobre a razão.

Merleau-Ponty. Então, estou de acordo com eles.

Bréhier. Então, com efeito, o senhor é forçado, por sua situação, a se pôr de acordo com eles.

Observo que, tão logo o senhor formula a sua doutrina, por isso mesmo o senhor a destrói. Se estiver exagerando um pouco, eu lhe peço desculpas. Para formular a sua doutrina da percepção, o senhor é obrigado a dizer: o homem percebe objetos, como consequência de pôr na linguagem, separadamente, o homem e os objetos. Por conseguinte, há fatalmente uma contradição, que o senhor indica sob o nome de contradição da imanência e da transcendência. Mas tal contradição provém de que, tão logo o senhor formula a sua doutrina, põe fatalmente um objeto exterior ao homem. De tal sorte que a sua doutrina, para não ser contraditória, deverá permanecer não formulada, mas somente vivida. Somente vivida, porém, uma doutrina ainda é uma doutrina filosófica?

Merleau-Ponty. Seguramente uma vida não é uma filosofia. Pensei ter indicado de passagem a ideia de que a descrição não é o retorno ao imediato: não se volta ao imediato. Trata-se simplesmente de saber se nos propomos a compreendê-lo. Parece-me que buscar a expressão do imediato não é trair a razão; é, ao contrário, trabalhar para o seu engrandecimento.

Bréhier. Isso é trair o imediato.

Merleau-Ponty. É começar a luta da expressão e do expresso, é aceitar a condição de uma reflexão iniciante. O que nos encoraja, é que não há vida pura e absolutamente inexpressa no homem, é que o irrefletido só começa a existir para nós através da reflexão. Entrar nessas contradições, como o senhor disse há pouco, me parece fazer parte do inventário crítico de nossa vida, que é a filosofia.

Bréhier. Vejo suas ideias se expressando pelo romance e pela pintura mais do que pela filosofia. Sua filosofia termina no romance. Isso não é um defeito, mas acredito verdadeiramente que ela termina naquela sugestão imediata das realidades tal como se vê nas obras dos romancistas.

Não quero abusar da palavra. Disse o que tinha a dizer.

Parodi. Creio que não será inútil voltar à natureza de sua teoria.

Merleau-Ponty. Eu gostaria de responder brevemente a uma das primeiras observações do senhor Bréhier: a ideia de que é "grave" colocar outrem em suas relações conosco e de colocá-lo no mundo. Penso que o senhor quis dizer "grave moralmente".

Nunca esteve em minhas intenções não colocar outrem como sujeito moral, e estou bem certo de não tê-lo excluído como sujeito moral.

Bréhier. É uma consequência.

Merleau-Ponty. É uma consequência que o senhor tira!

Bréhier. Sim.

Merleau-Ponty. Só pelo fato de que faço da moralidade um problema, o senhor conclui que eu a negue. Ora, o problema em questão se põe a todos nós. Como saber se temos alguém em face de nós, se não ao olharmos diante de nós? O que vemos inicialmente senão aparências corporais? Como aqueles autômatos "que só se mexem por meio de molas" vão se tornar homens para mim? Não é o método fenomenológico que faz surgir esse problema, embora, a meu ver, permita melhor resolvê-lo. Quando Brunschvicg dizia o "eu" se conquista pela reciprocidade, é preciso que eu me eduque para pensar outrem como passível de reciprocidade para comigo, ele entendia bem que a moralidade não está dada mas por fazer. Não vejo como alguém poderia pôr outrem sem mim; é uma impossibilidade para a minha experiência.

Bréhier. Ele é "passível de reciprocidade" para mim devido a uma norma universal. Onde está a sua norma?

Merleau-Ponty. Se fosse permitido responder a uma questão com outra questão, perguntaria: "Onde está a sua?" Estamos todos em uma experiência do eu e de outrem que procuramos dominar pensando-a, mas sem jamais podermos nos vangloriar de fazê-lo completamente. Mesmo quando acredito pensar universalmente, se outrem me recusa o seu assentimento, eu experimento que tal universalidade era somente privada (estou a verificá-la uma vez mais neste momento). Exceto por uma pura heteronomia diante da qual ambos se inclinariam (mas não creio que o senhor entenda norma no sentido de heteronomia): não há universalidade dada, há somente um universal presumido. Reencontramos o problema clássico: como se pode chegar ao universal? É um problema que sempre existiu em filosofia, embora jamais tenha sido posto de maneira tão radical quanto hoje, porque, a despeito de suas profissões de ateísmo, os filósofos, dois séculos após Descartes, ainda pensavam sobre o fundo da teologia cartesiana. Assim, tais problemas me parecem mais ou menos tradicionais. Se dei outra impressão aos que ouviram esta comunicação, isso pode ser somente uma questão de vocabulário.

M. Lenoir. Os senhores Bréhier e Parodi, invertendo a ordem que os senhores seguiram e passando das consequências filosóficas aos próprios detalhes do que constituía o assunto, fizeram com que perdêssemos um pouco de vista esse assunto, que é o problema da percepção.

Fiquei impressionado com a atitude resolutamente realista que o senhor tomou. Eu não poderia desaprová-lo por isso. Fenômeno análogo sempre se apresenta depois de viravoltas sociais. Em 1920, assistimos a um movimento anglo-americano de neorrealismo muito importante: surgiram dezenas de sistemas filosóficos diferentes nos Estados Unidos, no mesmo ano. Já encontramos impulso semelhante em uma época ainda mais turbulenta, no momento em que Victor Cousin ditou as leis da filosofia tradicional e tentou indicar as grandes linhas que as atitudes fundamentais do espírito impõem aos sistemas: materialismo, idealismo, ceticismo e misticismo. E aqui o senhor nos oferece, com o seu realismo, um materialismo que é, de algum modo, o reverso disso. Mas se o senhor aplicá-lo aos problemas da percepção, ele está viciado; e, nesse caso, eu me junto ao senhor Bréhier. Sua análise é, de algum modo, paralisada pelas dificuldades de terminologia. Vivemos, no campo da psicologia, em um conjunto de associação de palavras que não se seguem umas às outras, que não correspondem umas às outras. Desse modo, ao lado de problemas reais que são por assim dizer esboçados, surge de repente um falso problema ou um desvio do problema verdadeiro. Mas acredito que a tradição francesa atesta um esforço para suplantar esse perigo de nomenclatura. Isso é indicado pelo próprio Auguste Comte. Tenta se desembaraçar da tendência comum aos ideólogos, aos psicólogos e aos frenologistas. À orientação psicológica, opõe as sugestões de uma noção fundamental da física contemporânea, a energética. Parte da noção de energia. Mostra como se deve abandonar todas as divisões enciclopédicas que tentam classificar as atitudes humanas, que se chamarão de comportamento. Volta à atitude clássica, a de Descartes, que distingue a reflexão, a meditação e a contemplação. Comte vai apelar somente aos aspectos secundários. Mas vai insistir na sinergia, no contraste que há entre a impressão e o impulso, isto é, entre os aspectos que vêm de fora e os que vêm de dentro, aquilo a que o senhor mesmo fez alusão.

As dificuldades vão nascer de que toda filosofia ulterior, fazendo seus os dados do voluntarismo e os de Renouvier, vai tentar efetuar uma troca análoga à que se efetua na física entre a noção de matéria e a noção de energia. A percepção se desmaterializa como alucinação verdadeira em Taine, como dados imediatos em Bergson, como experiência mística em Lévy-Bruhl, ao passo que o esforço de William James para materializar a sensação acusa o trajeto seguido pelo artista. A percepção, empobrecida até o esquema motor na vida corrente, só poderia reencontrar a sua plenitude e seu sentido na atividade estética.

Merleau-Ponty. Não empreguei a palavra realismo, deliberadamente. Como essa palavra nos levaria por toda sorte de explicações históricas, no gênero dos quais o senhor é conduzido, creio que não há vantagem em empregá-la. Isso prolonga a discussão sem esclarecê-la. De minha parte, preferiria responder a uma questão concreta mais que a uma questão referente à amostragem das doutrinas.

Lupasco. O que eu teria a dizer concerne à experiência matemática. A geometria euclidiana, que é a geometria do mundo percebido, verificou-se ser apenas uma geometria ideal. E o universo físico, do qual a geometria é riemanniana e cuja estrutura íntima é de uma complexidade matemática cada vez mais abstrata, escapa cada vez mais à psicologia da percepção.

Merleau-Ponty. Há mal-entendidos e, sem dúvida, por minha culpa. Não quis dizer que o pensamento matemático fora um reflexo ou um duplo da experiência perceptiva, que não tivesse conhecido outras modalidades. Queria dizer que o pensamento matemático tem as mesmas estruturas fundamentais; ele não é absoluto; mesmo quando cremos nos haver com verdades eternas, o pensamento matemático está ligado à história.

Lupasco. Ele foi concebido independentemente disso: tem a sua própria história; é muito mais ele quem comanda e modifica a percepção, na medida em que comanda e modifica o mundo físico e, por isso mesmo, a História. De maneira geral, não vejo o que o mundo matemático se torna em um universo onde tudo é percepção.

Bauer. Talvez minha linguagem pareça ingênua. Mas me parece impossível fundamentar uma teoria do conhecimento na percepção. A percepção está quase tão distante dos dados primitivos de nossos sentidos quanto a própria ciência. Não parece haver descontinuidade entre percepção e conhecimento científico: a primeira é um conhecimento científico instintivo e rudimentar. Quando percebemos uma mesa ou uma lâmpada sobre essa mesa, já interpretamos amplamente as nossas sensações visuais, a elas associamos outras sensações possíveis, táteis ou visuais, por exemplo, a parte inferior da mesa, sua solidez, ou ainda, o outro lado da lâmpada. Fazemos, portanto, uma síntese, enunciamos uma ligação invariável entre certas sensações atuais e outras sensações virtuais. A ciência faz apenas precisar e estender indefinidamente este processo de síntese.

Desse ponto de vista, pode-se dizer que as ciências mais abstratas, a geometria e mesmo a aritmética ou a álgebra, são coloridas por sensações. Parece-me, em todo caso, que, quando afirmo como um físico: "o céu é azul porque há moléculas de ar (*sic*) que propagam a luz do sol", os procedimentos de meu espírito são aproximadamente os mesmos quando digo: "eu percebo uma lâmpada", no momento em que vejo uma mancha verde suplantando uma mancha brilhante. Apenas neste último caso, o sentido de minha afirmação é mais facilmente inteligível, e sua verificação experimental, mais imediata.

Merleau-Ponty. Isso corresponde à questão posta pelo Sr. Lupasco. Acrescento, entretanto, que seria preciso distinguir a percepção e a construção de uma teoria matemática: há de se fazer uma teoria da linguagem e do saber presumivelmente "exato".

Não pretendi dizer que a pintura consistisse em perceber. Há todo um mundo cultural que constitui uma segunda camada, acima da experiência perceptiva. Esta é como um primeiro solo sem o qual não se pode passar.

Salzi. Gostaria de indicar que o meu discurso é triplamente intencional, pois o primado da percepção pode ter três sentidos. E creio que o Sr. Merleau-Ponty passa de um sentido a outro.

O primeiro sentido é a primazia psicológica. O primado da percepção viria necessariamente da noção de consciência na qual ela está compreendida. Creio haver já, neste primeiro ponto, um erro psicológico. Quando um pequeno bebê tem fome, a consciência de sua fome é a consciência de uma falta. Na origem, na psicologia da criança, não há distinção entre uma falta e a consciência de um objeto e de um sujeito. Não há dualidade. Há consciência de uma falta, sem que haja objeto ou sujeito. A esse primado da percepção, parece que já se pode, portanto, opor tal objeção.

Segundo sentido do título: a percepção tem a exclusividade da verdade como intuição ou como base de contato com o real. Parece-me, entretanto, que não se pode fazer tábula rasa da intuição metafísica por mais brilhante que seja a ciência atual, tampouco da intuição mística, e talvez ainda menos da intuição psicológica.

Terceiro sentido: seria possível dizer que não é uma questão de fato, mas uma questão de direito. Qualquer que seja o desenvolvimento da inteligência humana através da história, de agora em diante sabemos pelos triunfos da ciência contemporânea que todas as nossas hipóteses – e o senhor Merleau-Ponty pôde inclinar-se nesse sentido – todas as nossas hipóteses devem ser respaldadas pelo contato com a experiência perceptiva.

Aqui eu mesmo me oporia a tal primado. Pois a ciência contemporânea é tal que extrai, pouco a pouco, da própria percepção os seus postulados, suas implicações, que denuncia, como inexatas e como devendo ser substituídas por outros postulados que não têm nenhuma relação com a percepção: assim, a descontinuidade do *quantum* de ação. Seria possível evocar a análise recente dos fatos intra-atômicos, essa espécie de percepção na qual o tempo e o espaço, que são, ao que parece, a base da percepção desde Kant, desaparecem e, por conseguinte, ali não têm mais nenhuma relação com a percepção. Ao que parece o mundo do cientista escapa cada vez mais, portanto, ao abraço da percepção.

Tais são as três observações que acredito dever apresentar.

Merleau-Ponty. Nunca disse que a percepção, por exemplo, a visão das cores ou das formas, enquanto ela nos dá acesso às propriedades mais imediatas dos objetos, tivesse o monopólio da verdade. Quis dizer que nela se encontra um modo de acesso ao objeto que se reencontra em todos os níveis, e, ao falar de uma percepção de outrem, marquei justamente do que se trata, sob o nome de percepção, de toda experiência que nos dá a coisa mesma. Por conseguinte, não retiro nada às formas mais complexas de conhecimento, mostro somente que remetem a essa experiência fundamental como àquilo que devem determinar ou explicitar. Não pensei, portanto, fazer tábula rasa da ciência, como disse o senhor. Trata-se somente de saber qual é o seu alcance e qual é a sua significação. Este é o problema de Poincaré em seu livro *La valeur de la science*;[45] quando deu esse título à sua obra, não se pensou que a ciência estivesse sendo negada. Nesse caso particular, estima o senhor que a ciência da natureza lhe dá uma explicação total do homem – digo "total" – ou julga o senhor que é outra coisa?

Salzi. Sem dúvida alguma. Portanto, eu me enganei sobre o sentido de "primado da percepção".

Merleau-Ponty. Se refletirmos sobre os nossos objetos de pensamento e de ciência, no final das contas eles nos remetem ao mundo percebido como ao terreno ao qual

---

[45] Paris: Flammarion, 1970.

devem finalmente se aplicar. Nem por isso, não quis dizer que o mundo percebido, no sentido de mundo das cores e das formas, fosse a totalidade de nosso universo. Há o mundo ideal ou cultural: não diminuí a originalidade, somente quis dizer que ele se faz, de algum modo, ao rés do chão.

Parece-me que as objeções que me são opostas poderiam se endereçar a todos os autores que reconhecem na filosofia um papel original e distinto daquele da ciência. Frequentemente os cientistas disseram ao filósofo: "O seu trabalho é ocioso; o senhor reflete sobre a ciência e não entende nada disso; isso o desqualifica". E é certo que, admitindo haver uma filosofia, retiramos algo ao cientista, dele retiramos a exclusividade do verdadeiro; mas não é de outro modo que eu limito o papel da ciência.

Quanto à experiência mística, tampouco faço dela tábula rasa. Trata-se de saber o que ela prova justamente. Será ela a passagem efetiva ao absoluto ou será somente a ilusão disso? Eu me lembro de um curso de Brunschvicg intitulado "As técnicas da passagem ao absoluto". Brunschvicg estudou os diferentes procedimentos, considerados falaciosos por ele, pelos quais se tenta passar ao absoluto. Quando me pergunto se a experiência mística significa exatamente o que ela crê significar, ponho-me uma questão que todo o mundo deve se pôr. Se, para ser equânime para com o fato da experiência mística, é preciso lhe conceder antecipadamente que ela é o que pretende ser, se toda questão que lhe for feita for uma ofensa, é porque ali, então, não há mais verdade.

Eu me expressei de modo inexato se lhes dei a pensar que fazia tábula rasa de tudo, já que, ao contrário, me parece que tudo é interessante e, de certa maneira, verdadeiro, com a única condição de que se tomem as coisas tal como elas se apresentam em nossa experiência plenamente elucidada. O senhor Bréhier me perguntava há pouco: "O senhor põe outrem com um valor absoluto?". Eu respondia: "Tanto quanto um homem pode fazê-lo, sim". Mas como militar, me aconteceu de pedir um tiro de artilharia ou uma patrulha de aviação e, naquele momento, não reconheci um valor absoluto nos soldados inimigos que iam ser atingidos. Posso, nesse caso, prometer reservar sentimentos generosos para o inimigo, não posso prometer não lhe fazer mal algum. Ao dizer que amo alguém neste momento, será que posso, neste amor, me assegurar de ter atingido a substância da pessoa, uma substância que absolutamente não mudará? Posso garantir que o que sei dessa pessoa e que faz que eu a ame se verificará em toda a sua vida? A percepção antecipa, vai na frente. Não pediria para ver mais e melhor, mas me parece que ninguém vê melhor. Posso prometer aqui certa conduta, mas não posso prometer certos sentimentos. É preciso, então, confiar na generosidade da vida que fez com que Montaigne pudesse escrever no último livro dos *Ensaios*: "Cumpri muito mais do que prometi e mesmo do que devia".[46]

Senhora Roire. Haverá uma escala de valores e qual será ela em todas as nossas experiências? Por exemplo, as experiências místicas, as ciências matemáticas estão no ápice? Haverá uma escala de valores em relação a esse primado da percepção? Como se situam as outras formas?

Merleau-Ponty. Para mim, certamente, há uma escala de valores. Isso não quer dizer que se considere o que está embaixo como algo a suprimir. Parece-me, por exemplo, que, se propusermos ao saber a meta de reunir-se ao concreto, pois bem, em certos aspectos, seremos obrigados a pôr a arte acima da ciência, enquanto a arte atingir uma expressão do homem concreto a que a ciência não se propõe. Mas as

---

[46] MONTAIGNE, M. A propósito de Virgílio. In: MONTAIGNE, M. *Ensaios*. Tradução de Sergio Milliet. São Paulo: Abril Cultural, 1972. Coleção Os Pensadores, p. 409. Livro III, cap. 4, p. 409. A citação de Montaigne, na fala de Merleau-Ponty, é: *"J'ai plus tenu que promis ni dû"*.

hierarquias de que fala a senhora neste momento supõem um ponto de vista: de certo ponto de vista, a senhora obtém uma hierarquia e de outro ponto de vista, outra hierarquia. Temos de nos haver mais com pesquisas concêntricas do que com pesquisas hierarquizadas.

Senhora Prenant. Muitas das questões postas abrangem as que eu gostaria de fazer.

Em primeiro lugar, justamente naquela escala de valores que há pouco estava em questão, o Sr. Merleau-Ponty concederá mais valor ao sol do astrônomo ou ao sol do camponês?

Eis a questão que estará em causa: considera ele a teoria científica como oposta absolutamente à percepção, e, no entanto, o que ele disse do caráter assintótico da verdade científica em Brunschvicg não volta a introduzir certa continuidade entre a percepção vulgar e a percepção científica? Serão as diversas teorias da percepção opostas entre si e será que a observação do senhor Bauer não poderia ser aqui retomada?

A segunda questão está ligada à primeira, que pergunta em sua forma tradicional: será que não experimento uma maneira de pensar, que me ensina que apesar de tudo o sol do astrônomo é superior ao sol do camponês?

Merleau-Ponty. Estou absolutamente de acordo com isso. E por duas razões. Lembremos a famosa frase de Hegel: "A terra não é o centro físico do mundo, mas é o seu centro metafísico". A originalidade do homem no mundo é tanto mais visível quanto mais se adquire um conhecimento mais exato do universo da ciência. É estritamente necessário que se ensine a todo o mundo o sol do astrônomo: não se trata de lançar descrédito sobre o saber científico. A tomada de consciência filosófica só é possível para além disso. Somente quando o mundo das ciências da natureza foi rigorosamente concebido é que se vê aparecer, por contraste, o homem em sua liberdade. Ademais, passado certo ponto de maturidade, a própria ciência deixa de se hipostasiar, ela nos reconduz às estruturas do mundo percebido e as reconquista de algum modo. Por exemplo, notou-se a convergência da física da relatividade e do espaço dos fenomenólogos. A filosofia não tem nada a temer de uma ciência madura, nem esta ciência, da filosofia.

Senhora Prenant. A história igualmente é um estudo do concreto.

Merleau-Ponty. Certamente. De minha parte, não separaria a história da filosofia. É o que eu queria assinalar ao dizer que não é possível imaginar que os fenomenólogos tivessem surgido de repente.

Senhora Prenant. Seria possível dizer que a geodésia é também a ciência do concreto.

Merleau-Ponty. Mas por que não? A geografia humana, porém, ainda mais. Quanto ao caráter assintótico das verdades científicas, o que eu quis dizer é que, durante muito tempo e sob alguns de seus aspectos, a ciência parece ter querido dar uma imagem imóvel do universo. Não parecia reconhecer nenhuma orientação no processo. Nessa medida, pode-se considerá-la como incompleta e parcial.

Senhora Prenant. Creio que ela se recupera!

Merleau-Ponty. Eu me alegro por isso!

Césari. Tenho um simples esclarecimento a solicitar ao Sr. Merleau-Ponty. Ele parece afirmar certa continuidade entre a ciência e a percepção. Pode-se admitir o ponto de vista, que é o de Brunschvicg, e que poderia ser o do senhor Bachelard na medida em que a experiência nova pode acarretar uma evolução nos quadros da razão. O senhor Merleau-Ponty, aliás, insistiu de modo exagerado no que havia de móvel nos quadros da razão: mas essa é uma questão de grau. O que me espanta é outra coisa. Não compreendo que o estudo fenomenológico da percepção possa servir no que quer que seja à evolução científica. Parece-me que há uma solução de continuidade entre a percepção tal como o senhor a descrevia, isto é, a percepção vivida e, por outro lado, a percepção sobre a qual o cientista se apoia, que lhe serve para constituir certas teorias. Parece-me que já se percebe uma contradição no texto em que o senhor enunciava os seus argumentos. O senhor diz: "O estudo da percepção, quando se faz sem preconceitos pelos psicólogos, termina por revelar que o mundo percebido não é uma soma de objetos, no sentido que as ciências dão a essa palavra". Perfeito, estamos inteiramente de acordo. Com efeito, a percepção no nível da experiência vivida não descreve os objetos como a ciência. Nesse caso, porém, de que nos serve apelar a essa experiência puramente vivida para constituir a experiência científica, que deve se afastar do imediato, como bem o diz Bachelard? A ciência somente se constituirá quando as sensações e percepções forem abandonadas no nível da experiência corrente, quando se definirem fatos como efeitos técnicos, tal como o efeito Compton.

Nessas condições, não vejo em que a fenomenologia serve às ciências.

Merleau-Ponty. Há uma primeira coisa a dizer: não sei se a atitude fenomenológica serve às outras ciências, mas certamente ela serve à psicologia.

Césari. Estamos de acordo quanto à psicologia, mas, quanto a apreciar o valor do racionalismo na própria ciência, isso é outra coisa. O senhor comparou a experiência fenomenológica com a de Brunschvicg, que fala de uma experiência muito elaborada e que não tem nenhuma relação com a experiência vivida.

Merleau-Ponty. A experiência vivida só é interessante imediatamente para quem se interessa pelo homem. Nunca esperei que meu trabalho pudesse interessar muito ao físico como físico. Mas o seu agravo se endereça também a todas as obras de filosofia.

Césari. Não apresentei agravo ao senhor. Considero muito interessante o seu ponto de vista no que concerne à psicologia da percepção, mas, no que concerne à relação com o pensamento científico, não vejo dessa maneira, exceto, uma vez mais, quanto à psicologia.

Há uma segunda questão que eu gostaria de fazer. O senhor disse, em dado momento de sua exposição, que "a matéria está prenhe de sua forma", e, nesse ponto de vista, o senhor seguiu, em suma, a teoria da forma. Nessa teoria, há certa explicação da gênese da percepção (o isomorfismo). O senhor comparou, ao contrário, o seu ponto de vista ao de Bergson no início de *Matéria e memória*.[47] Mas não pude compreender se, na realidade, para o senhor, o problema da relação entre a excitação e a percepção se põe, já que é uma questão que interessa ao conhecimento, ao passo que o ponto de vista existencial obriga o senhor a encarar o complexo indissociável homem-mundo como se devesse dar, imediatamente, a percepção: eu separo o mundo de mim mesmo quando me pergunto qual a relação entre percepção e sensação.

---

[47] Paris: P.U.F., col. Quadrige. Há tradução brasileira de Paulo Neves (São Paulo: Martins Fontes, 1999).

Como o senhor sustenta, em sua comunicação de hoje, que não há solução de continuidade entre o ponto de vista existencialista e o do conhecimento, em dado momento talvez se ponha a questão da relação entre a excitação e a percepção, de maneira paradoxal, aliás. Que solução lhe dá o senhor exatamente? Para Bergson, tratava-se de reações possíveis do corpo sobre o mundo.

Merleau-Ponty. Creio ter dito que o ponto de vista do cientista sobre a percepção – um *stimulus* em si que suscita uma percepção – é, como todas as formas de realismo ingênuo, absolutamente insuficiente. Filosoficamente, não creio sustentável essa imagem da percepção em última análise. Mas me parece indispensável que a ciência prossiga o seu próprio estudo da percepção. Pois chega o momento em que, justamente porque se tenta aplicar à percepção o procedimento do pensamento científico, evidencia-se o que faz com que a percepção não seja um fenômeno da ordem da causalidade física; constata-se uma resposta do organismo que "interpreta" os *stimuli*, dá-lhes uma certa configuração. O que me parece impossível é dizer que essa configuração é produzida por aqueles *stimuli*: ela vem do organismo e da maneira pela qual o organismo se comporta na presença deles.

Parece-me precioso, até para a psicologia e a filosofia, que a ciência tente o seu procedimento habitual de análise, mesmo e justamente se essa tentativa terminar fracassando.

Césari. Tais explicações são, sem dúvida, satisfatórias. A única questão que subsiste é a da relação entre o racionalismo móvel da ciência e o fenomenologismo da percepção.

Merleau-Ponty. Não aceitaria, de minha parte, ver nisso um dilema.

Hyppolite. Gostaria de dizer simplesmente que não percebo uma ligação necessária entre as duas partes da exposição, entre a descrição da percepção, que não pressupõe nenhuma ontologia, e depois as conclusões filosóficas extraídas, que pressupõem certa ontologia, uma ontologia do sentido. Na primeira parte, você mostra que a percepção oferece um sentido e, na segunda parte, você atinge o próprio ser do sentido que a unidade do homem constitui; e as duas partes não me parecem absolutamente solidárias. Sua descrição da percepção não acarreta necessariamente as conclusões filosóficas da segunda parte da exposição. Você aceita essa dessolidarização?

Merleau–Ponty. Evidentemente, não. Se falei de ambas as coisas, é porque elas têm alguma relação.

Hyppolite. A descrição da percepção acarreta, como consequência, a filosofia do "ser do sentido", que você desenvolveu em seguida?

Merleau–Ponty. Sim. O que é certo apenas é que eu não disse tudo, e isso é preciso. Por exemplo, não falei do tempo e de seu papel como fundamento e base.

Hyppolite. O problema do "ser do sentido" com a unidade aí implicada, do relativo e do absoluto, que é a finalidade, essa unidade reencontrada me leva a uma questão, talvez, mais precisa: parece-me que você explicitou o drama que a reflexão traz para a vida irrefletida, isto é, a nova forma de vida que é trazida pela projeção de uma norma eterna, pela reflexão. O fato de que a reflexão, acrescentando-se à vida irrefletida, termina em uma superação, uma transcendência, talvez formal, talvez ilusória, mas sem a qual ela não poderia se pôr.

Senhora Prenant. O drama do gênio maligno.

Hyppolite. Talvez. Você concorda que essa reflexão nos lança em uma nova transcendência?

Merleau-Ponty. Certamente, haveria muitas coisas a acrescentar àquelas que eu disse. Considerando o que eu disse, seria possível crer que, a meu ver, o homem vive somente no real; ora, vive-se no imaginário também, e também no ideal; de sorte que há de se fazer uma teoria da existência imaginária e da existência ideal. Já indiquei ao longo da discussão que, pondo a percepção no centro da consciência, não pretendi encerrar a consciência na constatação de um dado natural. Quis dizer que, mesmo quando transformamos a nossa vida pela criação de uma cultura – e a reflexão é uma aquisição dessa cultura –, não suprimimos os nossos vínculos com o tempo e com o espaço; bem mais do que isso, nós os utilizamos. Reciprocamente, pode-se dizer que, em uma percepção humana completamente explicitada, se encontrariam todas as originalidades da vida humana. A percepção humana se refere ao mundo, uma percepção animal se refere a um meio, como diz Scheler. A mesma capacidade criadora que opera na imaginação e na ideação está em germe na primeira percepção humana (e nesse ponto fui evidentemente incompleto). Mas o que faz uma diferença essencial entre meu ponto de vista e o de uma filosofia do entendimento, é que, a meu ver, mesmo sendo capaz de desprender-se das coisas para se ver, a consciência humana nunca se possui sem mais e só se recompõe no nível da cultura ao recapitular as operações expressivas, descontínuas e contingentes pelas quais se tornou possível a própria interrogação filosófica.

Hyppolite. Minha questão não concerne simplesmente a esse caráter incompleto: é a questão de saber se a reflexão humana, contrariamente a toda outra forma de vida, não chega ao ponto de pôr os problemas, não mais deste ou daquele sentido, mas do sentido em geral; e se essa introdução de uma reflexão sobre o "ser mesmo de todo sentido" não implica um problema novo e uma nova forma de vida.

Merleau-Ponty. Estou inteiramente de acordo com esse ponto de vista.

Hyppolite. Não me parece que a solução que você dá seja sempre satisfatória, já que o homem é levado a se pôr o problema de um "ser de todo sentido", o problema de um "ser absoluto de todo sentido".
Em outros termos, há, no fato de o homem refletir, um tipo de reflexão total.

Merleau-Ponty. Em minha tese, disse, retomando palavras de Rimbaud, que há um centro da consciência pelo qual "não estamos no mundo". Mas esse vazio absoluto só é constatável no momento em que a experiência o venha preencher. Nunca o vemos, por assim dizer, senão em uma visão marginal. Só é perceptível sobre o fundo do mundo. Em suma, você quer dizer simplesmente que não fiz uma filosofia religiosa. Penso que é próprio ao homem pensar Deus; o que não quer dizer que Deus exista.

Hyppolite. Você disse que Deus havia morrido.

Merleau-Ponty. Disse que dizer que Deus morreu, como os nietzschianos, ou falar da morte de Deus como os cristãos, é mesclar Deus ao homem, e que, nesse sentido, os próprios cristãos estavam obrigados a ligar a eternidade ao tempo.

Hyppolite. Quando você falou da morte de Deus, abordou um tipo de ontologia desse problema, de que tenho o direito de dizer que ela é ambígua.

Merleau-Ponty. Sempre se é ambíguo quando se tenta compreender os outros. O que é ambíguo é a condição dos homens. Mas esta discussão é rápida demais; seria preciso voltar a ela.

Hyppolite. Você não está, portanto, engajado na sua descrição da percepção, e você o reconhece!

Merleau-Ponty. Não o reconheço de modo algum. Em certo sentido, tudo é percepção, já que não há nenhuma de nossas ideias ou reflexões que não traga consigo a sua data, cuja realidade objetiva esgote a realidade formal, e que se transporte ela mesma para fora do tempo.

Beaufret. O que tenho a dizer não acrescentará grande coisa após a intervenção de Hyppolite. Gostaria somente de sublinhar que, das objeções feitas a Merleau-Ponty, muitas me parecem injustas. Creio que lhe apresentam agravos a partir da própria perspectiva na qual ele se coloca, e que é a da fenomenologia. Dizer que Merleau-Ponty se atém a uma fenomenologia sem superação possível é desconhecer que a superação do empírico pertence ao próprio fenômeno, no sentido em que a fenomenologia o entende. Nesse sentido, com efeito, o fenômeno não é o empírico, mas o que se manifesta realmente, aquilo de que podemos verdadeiramente ter a experiência, em oposição àquilo que seria somente construção de conceitos. A fenomenologia não é uma queda no fenomenismo, mas a manutenção de contato com "a coisa mesma". Se a fenomenologia rejeita as explicações "intelectualistas" da percepção, não é para abrir a porta para o irracional, mas para fechá-la ao verbalismo. Nada me parece menos pernicioso que a *fenomenologia da percepção*. O único reproche que eu faria ao autor, não é ter ido "longe demais", mas não ter sido radical o bastante. As descrições fenomenológicas que ele nos propõe mantêm, com efeito, o vocabulário do idealismo. Nisso estão ordenadas as descrições husserlianas. Mas todo o problema é saber precisamente se no fundo a fenomenologia não exige que se saia da subjetividade e do vocabulário do idealismo subjetivo, tal como, partindo de Husserl, o fez Heidegger.

Parodi. Vamos nos separar sem ter abordado talvez a questão primordial: precisar em que consiste a sua teoria da percepção. Em suma, o que o senhor pensa da doutrina clássica da percepção, que o senhor parece descartar? Gostaria que a parte positiva de sua tese nos fosse lembrada antes de nos separarmos. Se a percepção não é uma construção feita com materiais tomados de empréstimo à memória e apoiadas em sensações imediatas, como explicar o seu processo?

Merleau-Ponty. Naturalmente, há um desenvolvimento da percepção; naturalmente, ela não está acabada de saída. O que procurei dizer aqui pressupunha um pouco demais a leitura da tese que consagrei a essa questão. Por outro lado, não me pareceu nem possível, nem desejável recomeçar a exposição dessa tese.

Parodi. O senhor poderia nos dizer qual é a sua contribuição mais importante sobre essa questão de fato? O senhor partiu de exemplos muito claros: cremos perceber coisas que não vemos realmente senão em parte ou aproximadamente. Qual é, para o senhor, o essencial da operação?

Merleau-Ponty. Perceber é tornar algo presente a si com a ajuda do corpo, tendo a coisa sempre o seu lugar em um horizonte de mundo e consistindo a decifração em recolocar cada detalhe nos horizontes perceptivos que lhe convier. Tais formas, porém, ainda são enigmas, exceto quando aproximadas dos desenvolvimentos concretos que elas resumem.

Parodi. Eu ficaria tentado a dizer que o corpo é mais essencial para a sensação do que para a percepção.

Merleau-Ponty. Pode-se distingui-los?

Parodi. Dada a amplitude e a dificuldade do assunto, não é espantoso que terminemos ainda em presença de uma miríade de questões. Sua exposição não deixou de ser do mais alto interesse, e nós a ouvimos com o maior prazer e o maior proveito.

Este livro foi composto com tipografia Bembo e impresso
em papel Off-White 90 g/m² na Formato Artes Gráficas.